Sacrosanctum Concilium

Coleção Revisitar o Concílio

A presença feminina no Vaticano II – Adriana Valerio

Ad gentes: texto e comentário – Estêvão Raschietti

Apostolicam actuositatem: texto e comentário –
Antonio José de Almeida

Concílio Vaticano II: batalha perdida ou esperança renovada? –
Agenor Brighenti e Francisco Merlos Arroyo

Dei verbum: texto e comentário – Geraldo Lopes

Gaudium et spes: texto e comentário – Geraldo Lopes

Inter mirifica: texto e comentário – Joana T. Puntel

Lumen gentium: texto e comentário – Geraldo Lopes

Perfectae caritatis: texto e comentário – Cleto Caliman

Presbyterorum ordinis: texto e comentário – Manoel Godoy

Revisitar o Concílio Vaticano II – Dom Demétrio Valentini

Sacrosanctum concilium: texto e comentário – Alberto Beckhäuser

Teologia depois do Vaticano II: diagnóstico e propostas –
Andrés Torres Queiruga

*Unitatis redintegratio, Dignitatis humanae, Nostrae aetate: texto e
comentário*s – Elias Wolff

Utopias do Vaticano II: que sociedade queremos? Diálogos –
União Marista do Brasil – UMBRASIL

Vaticano II: a Igreja aposta no Amor universal – Carlos Josaphat

Vaticano II: a luta pelo sentido – Massimo Faggioli

ALBERTO BECKHÄUSER

Sacrosanctum Concilium
Texto e comentário

Dados Internacionais de Catalogação na Publicação (CIP)
(Câmara Brasileira do Livro, SP, Brasil)

Beckhäuser, Alberto
  Sacrosanctum Concilium : texto e comentário / Alberto
Beckhäuser. – 1. ed. – São Paulo : Paulinas, 2012. – (Coleção
revisitar o Concílio)

  ISBN 978-85-356-2968-2

  1. Celebrações litúrgicas 2. Concílio Vaticano (2. : 1962-1965)
3. Documentos oficiais 4. Igreja Católica - Liturgia I. Título. II. Série.

11-12707   CDD-262.52

Índice para catálogo sistemático:
1. Sacrosanctum Concilium : Concílio Vaticano 2ª : Documentos 262.52

1ª edição – 2012
5ª reimpressão – 2020

Direção-geral:
Bernadete Boff

Editores responsáveis:
Vera Ivanise Bombonatto
Antonio Francisco Lelo

Copidesque:
Anoar Jarbas Provenzi

Coordenação de revisão:
Marina Mendonça

Revisão:
Ruth Mitzuie Kluska

Gerente de produção:
Felício Calegaro Neto

Projeto gráfico e capa:
Telma Custódio

*Nenhuma parte desta obra poderá ser reproduzida ou transmitida
por qualquer forma e/ou quaisquer meios (eletrônico ou mecânico,
incluindo fotocópia e gravação) ou arquivada em qualquer sistema ou
banco de dados sem permissão escrita da Editora. Direitos reservados.*

Paulinas
Rua Dona Inácia Uchoa, 62
04110-020 – São Paulo – SP (Brasil)
Tel.: (11) 2125-3500
http://www.paulinas.com.br – editora@paulinas.com.br
Telemarketing e SAC: 0800-7010081

© Pia Sociedade Filhas de São Paulo – São Paulo, 2012

Sumário

Introdução 7

TEXTO E COMENTÁRIO

Proêmio 13

Capítulo I. Princípios gerais para a reforma
               e incremento da Sagrada Liturgia 19

Capítulo II. O Mistério eucarístico...................................72

Capítulo III. Os outros sacramentos e sacramentais..............85

Capítulo IV. Ofício Divino 108

Capítulo V. Ano litúrgico 125

Capítulo VI. A música sacra 135

Capítulo VII. Arte sacra e alfaias litúrgicas....................... 145

Apêndice. Declaração do Concílio Ecumênico Vaticano II
               sobre a reforma do calendário........................... 157

Introdução*

A Constituição *Sacrosanctum Concilium* do Concílio Vaticano II sobre a Sagrada Liturgia vai completar 50 anos no dia 4 de dezembro de 2013. É o primeiro fruto deste grande evento, convocado pelo Papa João XXIII no dia 25 de dezembro de 1961 e aberto em outubro de 1962 em sua primeira sessão.

O projeto "Coleção Concílio Vaticano II" da Paulinas Editora consta da apresentação dos textos conciliares acompanhados de comentários que facilitem a sua compreensão.

Foi a primeira vez que um Concílio Ecumênico tratou exaustivamente da Sagrada Liturgia. O Concílio de Trento tentou uma reforma. Por vários motivos ela só pôde ser parcial. Conservou-se a língua latina como língua única do Culto Divino. Faltou conhecimento maior das fontes

---

* A trajetória de estudos, docência e ação pastoral do autor confere grande peso a este comentário. Frei Alberto Beckhäuser, ofm, foi ordenado presbítero em Petrópolis, no dia 15 de dezembro de 1962. Durante o Concílio Vaticano II, doutorou-se em Teologia com especialização em Liturgia no Pontifício Instituto Litúrgico de Santo Anselmo em Roma. Esteve presente na Aula conciliar no dia 4 de dezembro de 1963, quando foi aprovada e promulgada pelo Papa Paulo VI a Constituição Sacrosanctum Concilium. De volta ao Brasil, desde 1967 acompanhou de perto a grande caminhada pós-conciliar da reforma e da renovação litúrgicas, da qual se tornou um dos protagonistas. Participou da Equipe de Tradução dos Textos Litúrgicos, escreveu livros e artigos à medida que os Rituais reformados iam aparecendo. Foi responsável pela tradução e publicação dos Textos litúrgicos por mais de duas décadas. Por seis anos foi Assessor de Liturgia da CNBB. Autor de cerca de 30 livros e de 200 artigos sobre Liturgia, procura sempre levar os leitores a uma compreensão teológica da Liturgia e a uma espiritualidade cristã litúrgica, através de uma participação frutuosa dos mistérios celebrados [N.E.].

litúrgicas da era patrística que pudessem iluminar a natureza íntima da Sagrada Liturgia. Além disso, a reforma foi prejudicada por um posicionamento apologético diante das posições da reforma protestante. O resultado foi uma unificação de todos os ritos por normas e rubricas que permaneceram fixos durante quatro séculos. Após o Concílio de Trento, houve várias propostas de reforma e de renovação da Sagrada Liturgia. Todas elas foram frustradas.

Com os diversos movimentos de volta às fontes, a questão da renovação litúrgica voltou à tona nos últimos decênios do século XIX. Entre eles surgiu o Movimento Litúrgico de volta às fontes, em busca de uma compreensão teológica de Liturgia realçando particularmente a necessidade de uma participação de todos os cristãos na Sagrada Liturgia. Tais conquistas, sempre na linha da Teologia, da Espiritualidade e da Pastoral, sensibilizaram o Magistério supremo da Igreja. Quem primeiro tomou posição foi o Papa Pio X, com o motu proprio *Tra le sollecitudini*, sobre a música sacra, de 22 de novembro de 1903. A preocupação do papa era promover "a participação ativa nos sacrossantos mistérios e na oração pública e solene da Igreja" (Intr.). Tanto o Movimento Litúrgico como Pio X ainda insistiam na restauração da Liturgia. Não se pensava propriamente numa reforma.

Pio XII, em 1947, tomou posição diante do Movimento Litúrgico, através da encíclica *Mediator Dei*. Por um lado, captou o resultado positivo do Movimento Litúrgico a respeito da compreensão teológica da Sagrada Liturgia; por outro, saiu em defesa das devoções populares contra o que se chamava de panliturgismo atribuído ao Movimento Litúrgico. Na década de 1950, Pio XII abriu o processo de reforma da Sagrada Liturgia, confiando a tarefa à, então,

Sagrada Congregação dos Ritos. Houve alguns avanços, como a reforma da Semana Santa, a Missa Vespertina, a atenuação do jejum eucarístico. Mas o trabalho era muito lento e pouco ousado. Foi quando João XXIII resolveu levar a questão da reforma e da renovação litúrgicas ao Concílio convocado por ele.

Nas Comissões pré-conciliares, tinham sido elaborados os Esquemas das diversas matérias a serem propostas à apreciação dos Padres Conciliares. Na primeira Sessão, em 1962, visto que a maioria dos Esquemas não tinha agradado, decidiu-se iniciar os debates com o Esquema sobre a Sagrada Liturgia, uma vez que estava bem maduro. Realmente, o Movimento Litúrgico havia preparado o terreno para uma tomada de posição de toda a Igreja sobre a questão da Liturgia, particularmente sobre a participação ativa nela. A reflexão teológica sobre a Liturgia tinha amadurecido e, de certa maneira, já havia sido acolhida e aprofundada pelo Magistério, sobretudo na encíclica *Mediator Dei*, do Papa Pio XII, em 1947.

Cuidadosamente preparado pela Comissão Litúrgica pré-conciliar, o primeiro projeto deste documento foi apresentado aos Padres Conciliares logo no início, em outubro de 1962, e debatido da 3ª à 18ª Congregação Geral. Foi, depois, emendado e votado pelos Padres Conciliares durante a II Sessão, em 1963. Dentre todos os documentos conciliares, foi o que causou menos dificuldades. Na 73ª Congregação Geral, no dia 22 de novembro de 1963, o Esquema foi aprovado por 2.147 contra 19 votantes. Assim, no dia 4 de dezembro de 1963, dia em que se comemorava o IV centenário do encerramento do Concílio de Trento, no encerramento da Segunda Sessão do Concílio, fez-se diante do Sumo Pontífice Paulo VI mais uma votação geral, com o seguinte resultado: votantes: 2.151; placet: 2.147; non placet: 4. E o Papa Paulo VI promulgou solenemente o documento. Certamente o documento litúrgico mais importante e decisivo publicado até hoje. Nesta Sessão pública solene de encerramento da Segunda Sessão do Concílio lá eu me encontrava como estudante de Liturgia no Pontifício Ateneu Anselmiano. Tive a graça de ouvir a viva voz os termos da Promulgação da Constituição *Sacrosanctum Concilium* sobre a Sagrada Liturgia, na voz metálica de Paulo VI, em latim:

"Em nome da Santíssima e Indivisível Trindade, Pai e Filho e Espírito Santo. Os Decretos que neste Sacrossanto e Ecumênico Concílio Vaticano Segundo, legitimamente reunido, foram agora lidos, agradaram aos Padres. E Nós, pela autoridade Apostólica por Cristo a Nós confiada, juntamente com os Veneráveis Padres, no Espírito Santo, os aprovamos, decretamos e estatuímos. Ainda ordenamos que o que foi assim determinado em Concílio seja promulgado para a Glória de Deus".

Profundas e belíssimas as palavras de Paulo VI no discurso feito a seguir. Eis a sua ungida oração:

"Exulta o nosso espírito com este resultado. Vemos que se respeitou a escala dos valores e dos deveres: Deus em primeiro lugar; a oração, a nossa obrigação primeira; a Liturgia, fonte primeira da vida divina que nos é comunicada, primeira escola de nossa vida espiritual, primeiro dom que podemos oferecer ao povo cristão que junto a nós crê e ora; o primeiro convite dirigido ao mundo para que solte a sua língua muda em oração feliz e autêntica e sinta a inefável força regeneradora, ao cantar conosco os divinos louvores e as esperanças humanas, por Cristo Senhor nosso e no Espírito Santo. Bom será que recolhamos como tesouro este fruto do nosso Concílio; que o consideremos como aquilo que deve animar e caracterizar a vida da Igreja; de fato, a Igreja é uma sociedade religiosa, uma comunidade de oração, um povo que regurgita de interioridade e de espiritualidade, derivadas da fé e da graça. Se introduzimos agora alguma simplificação nas expressões do nosso culto e se procuramos torná-lo mais compreensível ao povo fiel e mais adaptado à nossa linguagem atual, não quer dizer que pretendemos diminuir a importância da oração, colocá-la depois de outros cuidados do ministério sagrado ou da atividade pastoral, nem ainda empobrecê-la na sua força expressiva e no seu valor artístico; queremos apenas torná-la mais pura, mais genuína, mais próxima das suas fontes de verdade e de graça, mais capaz de se tornar patrimônio espiritual do povo".

O documento conciliar sobre a Sagrada Liturgia consta de um Proêmio, Sete Capítulos e um Apêndice. Este consta de uma Declaração do Concílio Vaticano II acerca da Revisão do Calendário. Os Capítulos assim se intitulam: Cap. I: Os princípios gerais para a reforma e o incremento da Sagrada Liturgia; Cap. II: O Sacrossanto Mistério da Eucaristia; Cap. III: Os demais Sacramentos e os Sacramentais; Cap. IV: O Ofício Divino; Cap. V: O Ano Litúrgico; Cap. VI: A Música Sacra; Cap. VII: A Arte Sacra e as Sagradas Alfaias.

O Documento Conciliar trata, pois, de todo o âmbito da Expressão do Culto Divino ou da Expressão da Sagrada Liturgia.

Uma última observação introdutória. O fato de a Constituição sobre a Sagrada Liturgia ter sido o primeiro grande documento conciliar aprovado nos leva à seguinte consideração em relação a todo o trabalho do Concílio. Por um lado, podemos dizer que a *Sacrosanctum Concilium* abriu caminho para a abordagem dos temas seguintes. A tomada de posição sobre a compreensão teológica da Liturgia, fugindo do ritualismo e do legalismo reinantes, abriu caminho para uma compreensão da Igreja segundo o mistério, da dignidade e missão dos leigos, da compreensão dos diversos ministérios na Igreja a serviço do povo de Deus profético sacerdotal e real. A própria Palavra de Deus foi vista sob nova perspectiva à luz da Economia da Salvação. Também a Constituição Pastoral *Gaudium et Spes* sobre a Igreja no mundo de hoje sofreu influência do posicionamento dos Padres Conciliares em relação à natureza da Sagrada Liturgia. Por outro lado, se a questão da Sagrada Liturgia tivesse sido tratada após as outras Constituições, sobretudo após a Constituição Dogmática *Lumen Gentium*, sobre a Igreja, e a Constituição Pastoral *Gaudium et Spes*, sobre a Igreja no mundo de hoje, a Constituição *Sacrosanctum Concilium* poderia ter sido grandemente enriquecida sob vários aspectos.

Por ter sido o primeiro documento conciliar aprovado e promulgado, a Constituição sobre a Sagrada Liturgia tem o privilégio de perpetuar através dos tempos, em seu nome, o grandioso evento do Concílio Vaticano II: *Sacrosanctum Concilium*.

Texto e comentário
Constituição
Sacrosanctum Concilium
sobre a Sagrada Liturgia*

Paulo bispo servo dos servos de Deus
com os padres do Sagrado Concílio
para a perpétua memória

---

* O texto desta Constituição foi apresentado ao Concílio em outubro de 1962, debatido da 3ª à 18ª Congregação geral, corrigido pela Comissão litúrgica, sujeito por capítulos à votação, modificado segundo as propostas dos Padres, e votado pela última vez em 22 de novembro de 1963, na 73ª Congregação geral. Dos 2.178 votantes, 2.158 votaram placet. No dia 25 de novembro foi anunciada a promulgação para o dia 4 de dezembro, dia do encerramento da segunda sessão conciliar. A votação realizada na presença do Santo Padre Paulo VI teve o seguinte resultado: 2.151 votantes; 2.147 placet; 4 non placet.

Proêmio

1. O sagrado Concílio, propondo-se fomentar sempre mais a vida cristã entre os fiéis, adaptar melhor às exigências do nosso tempo aquelas instituições que são suscetíveis de mudanças, favorecer tudo o que pode contribuir à união dos que creem em Cristo, e revigorar tudo o que contribui para chamar a todos ao seio da Igreja, julga ser sua obrigação ocupar-se de modo particular também da reforma e do incremento da Liturgia.

Proêmio: A maioria dos documentos conciliares é introduzida por um Proêmio, prefácio ou preâmbulo. O proêmio da *Sacrosanctum Concilium*, porém, tem um caráter especial. Além ser um preâmbulo do documento como tal, é também uma introdução geral a todo o Concílio, apresentando seus objetivos. Por isso mesmo o documento começa com as palavras "o sagrado Concílio".

1. Na primeira frase apresenta-se o objetivo do próprio Concílio. Ele tem por finalidade "fomentar sempre mais a vida cristã entre os fiéis". Para isso, o Concílio julga necessárias três coisas: adaptar à nossa época as instituições que são suscetíveis de mudanças; promover a unidade dos cristãos por uma abertura e diálogo com todos os cristãos e trazer à Igreja todos os povos e nações.

Entre estas instituições suscetíveis de mudança encontra-se a Sagrada Liturgia, centro da vida cristã. Por isso, o Concílio "julga ser sua obrigação ocupar-se de modo particular também da reforma e do incremento da Liturgia".

O lugar da Liturgia no mistério da Igreja

2. A Liturgia, com efeito, mediante a qual, especialmente no divino sacrifício da Eucaristia, "se atua a obra da nossa redenção",[1] contribui sumamente para que os fiéis exprimam em suas vidas e manifestem aos outros o mistério de Cristo e a genuína natureza da verdadeira Igreja, que tem a característica de ser ao mesmo tempo humana e divina, visível, mas dotada de realidades invisíveis, operosa na ação e devotada à contemplação, presente no mundo e contudo peregrina; de tal modo que nela o humano é orientado e

---

[1] Secreta do IX Dom. dep. Pentecostes.

---

2. Embora se trate de uma Constituição composta de artigos, vamos usar o termo *número* para os diversos artigos. Assim, o número 2 mostra por que a reforma e o fomento da vida litúrgica são importantes para se atingirem os objetivos do Concílio de "fomentar sempre mais a vida cristã entre os fiéis".

Sua importância brota da verdadeira natureza da Sagrada Liturgia. Nela, principalmente pelo sacrifício da Eucaristia, se exerce a obra de nossa Redenção. Ela contribui do modo mais excelente para que os fiéis exprimam em suas vidas e aos outros manifestem o mistério de Cristo e a genuína natureza da verdadeira Igreja. Esta Igreja que é ao mesmo tempo humana e divina, visível, mas ornada de dons invisíveis, operosa na ação e devotada à contemplação, presente no mundo e, no entanto, peregrina, de sorte que o elemento humano se ordena ao divino. A Liturgia é, pois, lançada na compreensão da Igreja como mistério de Cristo. Sendo assim, a Sagrada Liturgia se apresenta em três âmbitos da Igreja: em relação aos que estão dentro dela, conduzindo-os à plenitude de Cristo e robustecendo-lhes as forças para que preguem Cristo.

subordinado ao divino, o visível ao invisível, a ação à contemplação, a realidade presente à futura cidade para a qual estamos encaminhados.[2] Deste modo, a Liturgia, enquanto edifica aqueles que estão na Igreja em templo santo no Senhor, em habitação de Deus no Espírito,[3] até atingir a medida da plenitude de Cristo,[4] ao mesmo tempo e de modo admirável robustece as suas forças para que preguem o Cristo; e assim, aos que estão fora, ela mostra a Igreja como estandarte erguido diante das nações,[5] sob o qual os filhos dispersos de Deus possam reunir-se na unidade,[6] para que haja um só rebanho e um só pastor.[7]

A constituição sobre a Liturgia e os outros ritos

3. Por este motivo, o sagrado Concílio julga oportuno relembrar os princípios referentes ao incremento e

---

[2] Cf. Hb 13,14.
[3] Cf. Ef 2,21-22.
[4] Cf. Ef 4,13.
[5] Cf. Is 11,12.
[6] Cf. Jo 11,52.
[7] Cf. Jo 10,16.

Desta forma a Liturgia constitui a maior epifania ou manifestação da Igreja. Ela mostra a Igreja aos que estão fora dela, como estandarte erguido diante das nações, a fim de que se estabeleça a verdadeira união entre os cristãos e todos sejam congregados até que haja um só rebanho e um só pastor. Podemos dizer, então, que a Igreja evangeliza, sobretudo, através da celebração da fé, através das ações litúrgicas.

3. Neste número se recorda que a Constituição tem por objetivo traçar os princípios e as normas práticas para a reforma e o à reforma da Liturgia e estabelecer algumas normas práticas.

Entre esses princípios e normas alguns há que podem e devem ser aplicados tanto ao rito romano quanto a todos os demais ritos, embora as normas práticas que seguem devam ser entendidas somente com referência ao rito romano, a não ser que se trate de assuntos que pela sua natureza digam respeito também aos demais ritos.

Apreço por todos os ritos legitimamente reconhecidos

4. Enfim, o sagrado Concílio, obedecendo fielmente à Tradição, declara que a santa mãe Igreja considera com igual direito e honra todos os ritos legitimamente reconhecidos e quer para o futuro conservá-los e de todos os modos incrementá-los, e deseja que, onde for necessário, sejam cuidadosa e integralmente revistos, conforme o espírito da sã tradição e se lhes dê novo vigor como exigem as condições e necessidades dos tempos atuais.

---

incremento da Liturgia. Afirma-se ainda que, entre os princípios e as normas, constam alguns que se aplicam tanto ao rito romano quanto a todos os demais ritos. Embora as normas práticas que se seguem devam ser entendidas somente com referência ao rito romano, a não ser que se trate de assuntos que por sua própria natureza afetem também os outros ritos.

4. Enfim, neste Proêmio, o Concílio reconhece todos os ritos legitimamente reconhecidos com igual dignidade e honra. A Igreja quer defendê-los de todos os modos e deseja que, onde for necessário, sejam cuidadosa e integralmente revistos, conforme o espírito da sã tradição e se lhes dê novo vigor em vista das atuais condições e necessidades.

Capítulo I
Princípios gerais para a reforma e incremento da Sagrada Liturgia

I. A natureza da Sagrada Liturgia e sua importância na vida da Igreja

5. Deus, o qual "quer salvar todos os homens e fazer com que cheguem ao conhecimento da verdade" (1Tm 2,4), "havendo outrora falado muitas vezes e de muitos modos aos pais pelos profetas" (Hb 1,1), quando veio a plenitude dos tempos, mandou o seu Filho, Verbo feito carne, ungido pelo Espírito Santo, para anunciar a boa-nova aos pobres, curar os contritos de coração,[1] "médico da carne e do espírito",[2] mediador entre Deus e os homens.[3] Com efeito, sua humanida-

---

[1] Cf. Is 61,1; Lc 4,18.

[2] Sto. Inácio de Antioquia, Aos Efésios 7,2.

[3] Cf. 1Tm 2,5.

CAPÍTULO I: Compreende cinco títulos ou está dividido em cinco partes: I. A Natureza da Sagrada Liturgia e sua importância na vida da Igreja (n. 5-13). II. Como promover a instrução litúrgica e a ativa participação (n. 14-20). III. A reforma da Sagrada Liturgia (n. 21-40). IV. O incremento da vida litúrgica na diocese e na paróquia (n. 41-42). V. Como promover a ação pastoral litúrgica (n. 43-46).

de, na unidade da pessoa do Verbo, foi o instrumento de nossa salvação. Pelo que em Cristo "deu-se o perfeito cumprimento da nossa reconciliação com Deus e nos foi comunicada a plenitude do culto divino".[4]

Esta obra da redenção humana e da perfeita glorificação de Deus, que tem o seu prelúdio nas maravilhas divinas operadas no povo do Antigo Testamento, completou-a o Cristo Senhor, especialmente pelo Mistério Pascal de sua sagrada paixão, ressurreição dos mortos e gloriosa ascensão; por este mistério, Cristo, "morrendo, destruiu a nossa morte e, ressurgindo, deu-nos a vida".[5] Pois, do lado de Cristo agonizante sobre a cruz, nasceu "o admirável sacramento de toda a Igreja".[6]

---

[4] Sacramentarium Veronense [Leonianum]: ed. C. Mohlberg, Roma, 1956 n. 1265, pág. 102.

[5] Missal romano, prefácio pascal.

[6] Cf. oração após a 2a lição do Sábado Santo, no Missal Romano, antes da reforma da Semana Santa.

A natureza da Liturgia (Arts. 5-8): Os números de 5 a 8 tratam da natureza da Liturgia. São artigos densos de teologia. Introduzem numa compreensão teológica da Liturgia.

5. O Mistério Pascal na História da Salvação: A obra da salvação, prenunciada por Deus, é realizada em Cristo. A Liturgia é situada no contexto da Economia divina da Salvação revelada e realizada na história, que, em Cristo, se torna História da Salvação. No início se constata o plano de Deus de salvar a todos os homens. Esta obra de salvação de Cristo Jesus foi, outrora, anunciada e preparada de muitos modos aos pais pelos profetas. Na plenitude dos tempos, porém, Deus envia seu Filho para anunciar e realizar a salvação. Sua humanidade na unidade do Verbo foi o instrumento de nossa salvação. Desse modo, ocorreu em Cristo a

A obra da salvação continuada pela Igreja realiza-se na Liturgia

6. Portanto, como Cristo foi enviado pelo Pai, assim também ele enviou os apóstolos, cheios do Espírito Santo, não só porque, pregando o Evangelho a todos

---

perfeita satisfação de nossa reconciliação e nos foi comunicada a plenitude do culto divino. O culto que a humanidade pode prestar a Deus, sendo-lhe agradável, é o culto que seu Divino Filho lhe prestou em sua passagem por este mundo. Jesus Cristo deu provas de reconhecimento de sua condição humana de criatura por sua total obediência ao Pai e por seu amor, dando a vida pela salvação do mundo.

Esta obra da redenção dos homens e da perfeita glorificação de Deus já realizada como prelúdio pelas maravilhas divinas no povo do Antigo Testamento, o Senhor Jesus a completou principalmente pelo Mistério Pascal de sua sagrada Paixão, Ressurreição dos mortos e gloriosa Ascensão. No centro desta obra de salvação e de glorificação de Deus situa-se o Mistério Pascal. Sua Paixão, Ressurreição e gloriosa Ascensão constituem a síntese de todas as ações que revelam e realizam o plano de Deus, desde a encarnação até a parusia, passando pelo tempo de salvação da Igreja.

Esta obra da redenção dos homens e da perfeita glorificação de Deus chama-se Mistério Pascal enquanto atinge a humanidade inteira ou "enquanto Cristo, morrendo, destruiu a nossa morte e, ressurgindo, deu-nos a vida", pois do lado aberto de Cristo dormindo na cruz brota o admirável sacramento de toda a Igreja.

6. A teologia dos envios: A obra da salvação e da glorificação de Deus continua na Igreja e se coroa em sua Liturgia. O artigo 6 coloca a Sagrada Liturgia no contexto da teologia dos envios. O Pai envia o Filho. Jesus Cristo, por sua vez, envia os apóstolos, cheios do Espírito Santo, para realizarem uma dupla

os homens,[7] anunciassem que o Filho de Deus com a sua morte e ressurreição nos livrou do poder de satanás[8] e da morte e nos transferiu para o reino do Pai, mas também para que levassem a efeito, por meio do

---

[7] Cf. Mc 16,15.

[8] Cf. At 26,18.

---

função: a de anunciarem a salvação em Cristo e a de a realizarem, principalmente, através do Sacrifício e dos sacramentos.

Podemos dizer que Jesus Cristo deixou aos apóstolos e a todos os cristãos um duplo memorial: o memorial testamentário do novo mandamento e o memorial celebrativo ritual. Aqui queremos realçar o memorial celebrativo ritual ou sacramental. Trata-se de anunciar o Mistério Pascal ou anunciar o Evangelho a toda criatura, anunciar que o Filho de Deus, pela sua morte e ressurreição, nos libertou do poder do demônio e da morte e nos transferiu para o reino do Pai, e levar a efeito o que se anuncia. Isso é realizado, sobretudo, pelo Batismo e a Eucaristia. Pelo Batismo somos lançados no Mistério Pascal e pela Eucaristia, ao comermos a ceia do Senhor, nos é anunciada a morte até que venha. A partir de Pentecostes isso começou a acontecer. É mencionada a prática do Batismo, da Eucaristia e das orações das comunidades de fé.

E o número 6 finaliza dizendo: "Desde então, a Igreja jamais deixou de reunir-se para celebrar o Mistério Pascal: lendo 'tudo quanto nas Escrituras a ele se referia' (Lc 24,27), celebrando a Eucaristia na qual 'se representa a vitória e o triunfo de sua morte' e, ao mesmo tempo, dando graças 'a Deus pelo seu dom inefável' (2Cor 9,15) em Cristo Jesus, 'para louvor de sua glória' (Ef 1,12) por virtude do Espírito Santo". A Igreja tem, pois, a grande missão de anunciar a salvação realizada pelo Mistério Pascal e de levar todos a beberem dessa divina fonte da salvação, seja pela ação da caridade, seja pela memória celebrativa ritual da Obra da salvação.

sacrifício e dos sacramentos, sobre os quais gira toda a vida litúrgica, a obra de salvação que anunciavam. Assim, pelo Batismo os homens são inseridos no Mistério Pascal de Cristo: com ele mortos, sepultados, e ressuscitados;[9] recebem o espírito de adoção de filhos, "no qual clamam: 'Abba, Pai'" (Rm 8,15), e se tornam assim verdadeiros adoradores que o Pai procura.[10] Do mesmo modo, toda vez que come a ceia do Senhor, anunciam a sua morte até que venha.[11] Por esse motivo, no próprio dia de Pentecostes, no qual a Igreja se manifestou ao mundo, "os que receberam a palavra" de Pedro "foram batizados". E "perseveravam na doutrina dos apóstolos, e na comum fração do pão e na oração... louvando a Deus e sendo bem vistos por todo o povo" (At 2,41-47). Desde então, a Igreja jamais deixou de reunir-se para celebrar o Mistério Pascal: lendo "tudo quanto nas Escrituras a ele se referia" (Lc 24,27), celebrando a Eucaristia na qual "se representa a vitória e o triunfo de sua morte"[12] e, ao mesmo tempo, dando graças "a Deus pelo seu dom inefável" (2Cor 9,15) em Cristo Jesus, "para louvor de sua glória" (Ef 1,12) por virtude do Espírito Santo.

Presença de Cristo na Liturgia

7. Para realizar tão grande obra, Cristo está sempre presente em sua Igreja, e especialmente nas ações litúrgicas. Está presente no sacrifício da Missa, tanto na

---

[9] Cf. Rm 6,4; Ef 2,6; Cl 3,1; 1Tm 2,11.

[10] Cf. Jo 4,23.

[11] Cf. 1Cor 11,26.

[12] Conc. Trid. Sess. XIII, Decr. de SS. Eucharist., c. 5. Denz. 878.

pessoa do ministro, pois aquele que agora se oferece pelo ministério sacerdotal é o "mesmo que, outrora, se ofereceu na cruz",[13] como sobretudo nas espécies eucarísticas. Ele está presente pela sua virtude nos sacramentos, de tal modo que, quando alguém batiza, é o próprio Cristo quem batiza.[14] Está presente na sua palavra, pois é ele quem fala quando na Igreja se leem

---

[13] Conc. Trid. Sess. XXII, Doctr. De SS. Missæ sacrif., c. 2. Denz. 940.

[14] Cf. Sto. Agostinho, Tractatus in Joannem, VI, cap. I, n. 7: PL 35, 1428.

---

7. A presença atuante e vivificante de Cristo na Igreja, particularmente, na Liturgia: O número 7 é o ponto central da abordagem da natureza da Liturgia. Fala primeiramente das diversas presenças ou dos diversos tipos de presença de Cristo na Igreja para realizar obra tão importante, isto é, da perfeita reconciliação dos homens, a sua salvação, e a glorificação de Deus. Enumera cinco tipos de presença, todas elas reais, sendo uma delas real, não por exclusão das outras, mas por excelência ou por antonomásia, como ensina Paulo VI, porque esta presença é substancial, quer dizer, por ela está presente, de fato, Cristo completo, Deus e homem (cf. *Mysterium Fidei*, n. 39). Trata-se da presença de Cristo sob as espécies eucarísticas. Está presente no sacrifício da Missa, tanto na pessoa do ministro como sob as espécies eucarísticas; está presente por sua força nos sacramentos; presente na Palavra de Deus quando lida na Igreja e, finalmente, quando e onde a Igreja ora e salmodia. Em tão grandiosa obra, pela qual Deus é perfeitamente glorificado e os homens são santificados, Cristo sempre associa a si a Igreja, sua diletíssima Esposa, que invoca o Senhor e por Ele presta culto ao Pai. Temos aqui as duas finalidades da Sagrada Liturgia ou suas duas dimensões: a santificação dos homens e a glorificação de Deus. Claro que a melhor glorificação de Deus é deixar-se santificar.

as Sagradas Escrituras. Está presente, por fim, quando a Igreja ora e salmodia, ele que prometeu: "Onde se acharem dois ou três reunidos em meu nome, aí estou eu no meio deles" (Mt 18,20).

Realmente, nesta grandiosa obra, pela qual Deus é perfeitamente glorificado e os homens são santificados, Cristo sempre associa a si a Igreja, sua amadíssima esposa, que invoca seu Senhor, e por ele presta culto ao eterno Pai.

Após a exposição das diversas formas de presença de Cristo na Igreja, o número 7 apresenta como que uma definição da Liturgia. É mais uma descrição do que uma definição propriamente dita: "Com razão, portanto, a Liturgia é considerada como exercício da função sacerdotal de Cristo. Ela simboliza através de sinais sensíveis e realiza em modo próprio a cada um a santificação dos homens; nela o corpo místico de Jesus Cristo, cabeça e membros, presta a Deus o culto público integral".

O último parágrafo precisa alguns elementos decorrentes dessa compreensão da Liturgia: toda a celebração litúrgica é obra de Cristo sacerdote e de seu corpo que é a Igreja; é uma ação sagrada por excelência que supera qualquer outra ação da Igreja.

Realcemos os elementos constitutivos de uma ação litúrgica ou de uma celebração litúrgica: (1) Trata-se de uma ação e de uma ação sagrada por excelência. A Sagrada Liturgia não existe nos livros; ela se dá na ação da Igreja. É ação sagrada em duplo sentido. Primeiro, porque é ação divina, realizada pela Santíssima Trindade, por Cristo, com Cristo e em Cristo. Segundo, por ser uma ação da Igreja que tem a ver com o sagrado, com o divino; a ação da Igreja estabelece uma relação com o sagrado, com o divino, com Deus, mais do que uma relação, a comunhão. (2) Nesta ação sagrada, a Igreja traz ao presente, atualiza o múnus

Com razão, portanto, a Liturgia é considerada como exercício da função sacerdotal de Cristo. Ela simboliza através de sinais sensíveis e realiza em modo próprio a cada um a santificação dos homens; nela o corpo místico de Jesus Cristo, cabeça e membros, presta a Deus o culto público integral.

Por isso, toda celebração litúrgica, como obra de Cristo sacerdote e do seu corpo, que é a Igreja, é uma ação sagrada por excelência, cuja eficácia nenhuma outra ação da Igreja iguala, sob o mesmo título e grau.

Liturgia terrestre e Liturgia celeste

8. Na Liturgia da terra nós participamos, saboreando-a já, da Liturgia celeste, que se celebra na cidade santa de Jerusalém, para a qual nos encaminhamos

---

sacerdotal de Cristo. Atualiza-se o exercício do sacerdócio de Cristo, o Sumo Sacerdote, Mediador entre Deus e os homens. (3) Este sacerdócio de Cristo se atualiza mediante sinais sensíveis e significativos do exercício do múnus sacerdotal de Cristo. Brota daqui toda a compreensão ritual da Liturgia. (4) Este exercício do múnus sacerdotal de Cristo realiza-se na Igreja e pela Igreja. Dizendo, na Igreja, queremos acentuar a ação de Cristo, Cabeça da Igreja; quando dizemos pela Igreja queremos dizer que tal ação sagrada é colocada pela Igreja, os membros de Cristo. (5) Para a santificação do homem e a glorificação de Deus. Eis os dois movimentos ou os dois objetivos da ação litúrgica.

8. Até que Ele venha: À natureza da Sagrada Liturgia deve ser acrescentada a dimensão escatológica. A Liturgia terrestre como memorial da Obra da Salvação através de sinais sensíveis termina na consumação do tempo. Ela é, porém, antegozo da Liturgia celeste, que se realiza eternamente. Será eternamente

como peregrinos, onde o Cristo está sentado à direita de Deus, qual ministro do santuário e do verdadeiro tabernáculo;[15] com toda a milícia do exército celeste entoamos um hino de glória ao Senhor e, venerando a memória dos santos, esperamos fazer parte da sociedade deles; esperamos pelo salvador, nosso Senhor Jesus Cristo, até que ele, nossa vida, se manifeste, e nós apareceremos com ele na glória.[16]

A Liturgia não é a única atividade da Igreja

9. A Sagrada Liturgia não esgota toda a ação da Igreja; com efeito, antes que os homens possam achegar-se à Liturgia, é necessário que sejam chamados à fé e à conversão: "Como poderiam invocar aquele em quem não

---

[15] Cf. Ap 21,2; Cl 3,1; Hb 8,2.
[16] Cf. Fl 3,20; Cl 3,4.

---

participação no sacerdócio de Cristo, que está sentado à direita de Deus, ministro do santuário e do tabernáculo verdadeiro. Santificados e salvos, todos glorificarão o Pai por Cristo, com Cristo e em Cristo, e serão celebrantes da glória do Pai.

A Liturgia no conjunto da vida e da missão da Igreja (arts. 9-13): Os números de 9 a 13 tratam do lugar e da importância da Liturgia na vida e na missão da Igreja. Os números 9 e 10 destacam o lugar da Liturgia na totalidade da vida e da ação da Igreja, ao passo que os números 11 a 13 mostram seu lugar e sua importância na vida espiritual dos fiéis.

9. A Liturgia não esgota toda a ação da Igreja: Existe a ação litúrgica, e o antes e o depois dela. O número 9 realça o que deve preceder a ação litúrgica: a pregação do Evangelho, o primeiro anúncio, a catequese de iniciação à vida cristã eclesial. Aos que

creram? E como poderiam crer naquele que não ouviram? E como poderiam ouvir sem pregador? E como podem pregar se não forem enviados?" (Rm 10,14-15).

É por este motivo que a Igreja anuncia a mensagem de salvação àqueles que ainda não creem, a fim de que todos os homens conheçam o único verdadeiro Deus e o seu enviado, Jesus Cristo, e se convertam de seus caminhos, fazendo penitência.[17] E aos que creem tem o dever de pregar constantemente a fé e a penitência, de dispô-los à recepção dos sacramentos, de ensinar-lhes a guardar tudo o que Cristo mandou,[18] de estimulá-los a todas as obras de caridade, piedade e apostolado, através das quais se torne manifesto que os fiéis cristãos não são deste mundo, e, contudo, são a luz do mundo e dão glória ao Pai diante dos homens.

A Liturgia é o cimo e a fonte da vida da Igreja

10. Contudo, a Liturgia é o cimo para o qual se dirige a ação da Igreja e, ao mesmo tempo, a fonte donde emana toda a sua força. Na verdade, o trabalho

---

[17] Cf. Jo 17,3; Lc 24,27; At 2,38.
[18] Cf. Mt 28,20.

---

creem a Igreja continua pregando a fé e a penitência permanente. Deve continuamente dispô-los aos sacramentos, ensinar-lhes a observar tudo o que Cristo mandou e estimulá-los para toda a obra de caridade, piedade e apostolado. Mas lança também no depois: "Todas as obras de caridade, piedade e apostolado".

10. A Liturgia, cume e fonte da vida da Igreja: Contudo a Sagrada Liturgia, principalmente a Eucaristia, constitui o cume da vida da Igreja para a qual devem convergir todas as suas ações

apostólico ordena-se a conseguir que todos os que se tornaram filhos de Deus pela fé e pelo Batismo, se reúnam em assembleia, louvem a Deus na Igreja, participem no sacrifício e comam a Ceia do Senhor.

A Liturgia, por sua vez, impele os fiéis, saciados pelos "mistérios pascais", a viverem "em união perfeita",[19] e pede que "sejam fiéis na vida a quanto receberam pela fé".[20] A renovação, na Eucaristia, da aliança do Senhor com os homens solicita e estimula os fiéis para a imperiosa caridade de Cristo. Da Liturgia, portanto, e particularmente da Eucaristia, como de uma fonte, corre sobre nós a graça, e por meio dela conseguem os homens com total eficácia a santificação em Cristo e a glorificação de Deus, a que se ordenam como a seu fim todas as outras obras da Igreja.

[19] Postcommunio da Vigília pascal e do Dom. da Ressurreição.
[20] Oração da Missa de terça-feira da oitava da Páscoa.

e é, ao mesmo tempo, fonte, donde emana toda a sua força. Assim os trabalhos que antecedem à ação litúrgica devem fazer com que todos, feitos pela fé e pelo Batismo filhos de Deus, juntos se reúnam, louvem a Deus no meio da Igreja, participem do sacrifício e comam a Ceia do Senhor.

A Liturgia é também a fonte donde emana toda a força da Igreja. Segue-se, portanto, a vida dos cristãos mergulhada no amor a Deus como filhos e filhas, e ao próximo, como irmãos e irmãs em Cristo Jesus. Esta vida após a ação litúrgica caracteriza-se, primeiramente, pela concórdia na piedade. Piedade compreendida aqui no sentido original do termo que significa a atitude, os sentimentos, o amor dos pais para com os filhos e dos filhos para com os pais. Temos, em consequência, a perseverança na

Necessidade das disposições pessoais

11. Para chegar a essa eficácia plena, é necessário que os fiéis se acerquem da Sagrada Liturgia com disposições de reta intenção, adaptem a mente às palavras, e cooperem com a graça divina para não recebê-la em vão.[21] Por isso, é dever dos sagrados pastores vigiar para que, na ação litúrgica, não só se observem as leis para a válida e lícita celebração, mas que os fiéis participem dela consciente, ativa e frutuosamente.

---

[21] Cf. 2Cor 6,1.

---

vida cristã em que foram mergulhados pela fé e pelo Batismo, ou seja, na prática da piedade. Trata-se de viver realmente como filhos e filhas de Deus.

A Eucaristia solicita e estimula os fiéis para a caridade imperiosa de Cristo, a primeira forma de apostolado dos cristãos. Trata-se de viver no dia a dia a espiritualidade dos sacramentos e dos demais mistérios do culto. Daí decorre que toda a vida se torna um culto agradável a Deus. É a vida transformada em Liturgia.

Da Liturgia como cume e fonte de toda a vida e ação da Igreja e, particularmente, da Eucaristia "corre sobre nós a graça, e por meio dela conseguem os homens com total eficácia a santificação em Cristo e a glorificação de Deus, a que se ordenam como a seu fim todas as outras obras da Igreja".

A Liturgia na vida espiritual dos fiéis: Os números 11-13 tratam da Liturgia na vida espiritual dos fiéis. Se a Sagrada Liturgia está no centro, se é o coração da vida cristã, então, é também o centro da espiritualidade dos fiéis. No fundo, os Padres Conciliares apresentam nestes três números uma defesa da piedade popular de acordo com os ensinamentos de Pio XII na *Mediator Dei* sobre a relação da Sagrada Liturgia com a "espiritualidade cristã" em geral e os piedosos exercícios em particular.

O Movimento Litúrgico mostrava certa tendência a reduzir a espiritualidade cristã à Sagrada Liturgia com uma ponta de menosprezo de outros exercícios de piedade. Por outro lado, criou-se através da história, sobretudo a partir da *devotio moderna*, uma dicotomia entre Liturgia e espiritualidade individual, como se a Liturgia não fosse expressão da piedade e da espiritualidade cristã em geral. A Liturgia era considerada uma expressão comunitária, objetiva, em nome da Igreja, não pessoal. Ao passo que os outros muitos exercícios de piedade, identificados com a espiritualidade, como a meditação, a oração individual, os exercícios de ascese eram considerados subjetivos, "pessoais".

Creio que, no fundo, nos encontramos diante de um problema ainda não bem solucionado na prática. Trata-se do uso de certa terminologia ambígua, opondo-se o pessoal e o comunitário. Ora, o pessoal não se opõe ao comunitário. O comunitário se opõe, sim, ao individual, sendo que as duas expressões deverão ser pessoais. Trata-se do individual pessoal e do comunitário pessoal. Se, por exemplo, a oração – e toda a Liturgia é oração – não for pessoal, tanto em sua forma individual como comunitária, não é de ninguém. A espiritualidade tem, portanto, ao mesmo tempo uma expressão individual e outra comunitária.

11. Disposições pessoais: Para que a Liturgia atinja realmente sua eficácia, para que ela seja realmente autêntica, seja espiritualidade pessoal, são necessárias algumas disposições. Em primeiro lugar, a reta intenção. É aquilo que definimos por "pessoal". A ação litúrgica deve ser pessoal. Por isso, convocam-se os pastores para que cuidem que na ação litúrgica, "não só se observem as leis para a válida e lícita celebração, mas que os fiéis participem dela consciente, ativa e frutuosamente". Aqui o Concílio supera a compreensão da Liturgia como culto "oficial" da Igreja: o legalismo, o ritualismo, o rubricismo. Trata-se, pois, de

Liturgia e oração pessoal

12. Contudo, a vida espiritual não se limita unicamente à participação na Sagrada Liturgia. O cristão, chamado para a oração comunitária, deve também entrar no seu quarto para rezar a sós ao Pai;[22] e até, segundo ensina o Apóstolo, deve rezar sem cessar.[23] O mesmo Apóstolo nos ensina também a trazer sempre no nosso corpo os sofrimentos da morte de Jesus, para que a sua vida se revele na nossa carne mortal.[24] É por esse

---

[22] Cf. Mt 6,6.

[23] Cf. 1Ts 5,17.

[24] Cf. 2Cor 4,10-11.

---

uma participação pessoal e consciente. Supera-se também o esteticismo litúrgico, que considera apenas a beleza dos ritos para neles inspirar a oração individual. O legalismo e o esteticismo já tinham sido condenados por Pio XII na *Mediator Dei* (cf. n. 22).

12. Necessidade de cultivar a piedade em toda a vida, também fora da Liturgia: A Liturgia não esgota a vida espiritual dos cristãos. Ela é cume e é fonte de toda a espiritualidade. Apresentam-se aqui outras expressões da espiritualidade dos cristãos: a oração individual, por fórmulas dadas, pela meditação e a vida toda transformada em oração. Depois, temos uma vida em conformidade com o modo de pensar e de agir de Jesus Cristo, seguindo-o no caminho da cruz, de modo que, vivendo a Liturgia, sobretudo a Eucaristia, sejamos feitos eterna dádiva sua. Devemos notar, porém, que toda esta espiritualidade nasce da Sagrada Liturgia que é vista como "primeira e necessária fonte, da qual os fiéis podem haurir o espírito genuinamente cristão" (SC 14).

A espiritualidade cristã não é algo paralelo à Sagrada Liturgia. As duas formas são importantes e se completam. Ambas são expressões da "piedade" cristã, sendo a Liturgia seu cume e fonte.

motivo que no sacrifício da Missa suplicamos ao Senhor que, "aceitando a oferta do sacrifício espiritual", faça "de nós uma oferta eterna".

Os atos de piedade inspirem-se na Liturgia

13. Os atos de piedade do povo cristão, conquanto conformes às leis e normas da Igreja, são muito de se recomendar, principalmente quando se fazem por ordem da Sé Apostólica.

Gozam também de especial dignidade os atos de piedade das Igrejas particulares, que se realizam por

---

13. Os piedosos exercícios: Os Padres Conciliares não chegaram a uma clareza sobre a questão dos piedosos exercícios. Procuraram defendê-los contra certas tendências de panliturgismo. Acontece que, ao defendê-los, não pretenderam definir a sua natureza. Conforme a tradição vigente por séculos, os Padres Conciliares trataram os exercícios de piedade como algo paralelo à Sagrada Liturgia, esquecendo o que tinham definido como Liturgia.

Certamente se trata de formas de piedade do povo cristão que surgiram como formas paralelas à Liturgia, numa época de decadência da mesma e de falta de participação do povo na Sagrada Liturgia. No fundo, trata-se de formas populares de oração comunitária da Igreja, aos poucos assumidas também pelo clero, quando este não conseguia alimento, por exemplo, na Liturgia das Horas. Curioso que os Padres Conciliares, sem definir bem o que entendem por "piedosos exercícios do povo cristão" e "sagrados exercícios das Igrejas particulares", insistem que estejam conformes às leis e normas da Igreja.

O número 13 apresenta dois tipos de piedade popular: as que se realizam por ordem da Sé Apostólica e as das Igrejas particulares, que se celebram "por disposição dos bispos, e segundo os

disposição dos bispos, e segundo os costumes ou os livros legitimamente aprovados.

Importa, porém, ordenar esses atos de piedade, levando em conta os tempos litúrgicos, de modo que estejam em harmonia com a Sagrada Liturgia, nela se inspirem e a ela, por sua própria natureza muito superior, conduzam o povo cristão.

II. Necessidade de promover a formação litúrgica e a participação ativa

14. É desejo ardente da mãe Igreja que todos os fiéis cheguem àquela plena, consciente e ativa participação na celebração litúrgica que a própria natureza da Liturgia exige e à qual o povo cristão, "raça escolhida, sacerdócio real, nação santa, povo adquirido" (1Pd 2,9; cf. 2,4-5), tem direito e obrigação, por força do Batismo.

---

costumes ou os livros legitimamente aprovados". Surpreende que aqui se reintroduz o aspecto "oficial" dos livros legitimamente aprovados. Recai-se assim de certa maneira no legalismo litúrgico. O que faltaria para que, teologicamente falando, tais exercícios de piedade sejam realmente litúrgicos?

14. Preâmbulo: O número 14 constitui um preâmbulo aos números 15 a 20, que tratam da necessidade de promover a instrução litúrgica e a ativa participação dos fiéis.

Uma participação consciente, ativa e plena da Sagrada Liturgia se baseia na vocação da Igreja como povo sacerdotal, real e profético. Por isso mesmo, este povo tem não só o dever de participar ativamente da Sagrada Liturgia, mas também o direito. Sendo assim, a Igreja deseja ardentemente que os fiéis sejam levados a esta participação frutuosa que exige uma participação consciente ativa e plena.

A esta plena e ativa participação de todo o povo cumpre dar especial atenção na reforma e incremento da Sagrada Liturgia: com efeito, ela é a primeira e necessária fonte, da qual os fiéis podem haurir o espírito genuinamente cristão. Esta é a razão que deve levar

---

Pelo fato de a Liturgia constituir a primeira e necessária fonte, da qual os fiéis haurem o espírito verdadeiramente cristão, será necessário que esta participação plena e ativa de todo o povo seja diligentemente considerada na reforma e no incremento da Sagrada Liturgia. Por isso, em toda a ação pastoral dos pastores ela deve ser buscada através de uma adequada instrução. Isso não será possível se os próprios pastores de almas não estiverem antes profundamente imbuídos do espírito e da força da Liturgia e dela não se tornarem mestres.

Em consequência disso, surge a necessidade de uma adequada formação litúrgica do clero. Os números que se seguem apresentam alguns pontos importantes para alcançar esta formação litúrgica.

Participação da Sagrada Liturgia: Antes de tratar desses pontos, parece conveniente fazer uma consideração sobre a participação da Sagrada Liturgia. Participar significa "ter parte". Ter parte da obra da salvação e da glorificação de Deus. O Concílio visa a uma participação frutuosa ou eficaz que consiste antes de tudo em acolher a graça numa atitude de conversão, de resposta à proposta de Deus de salvação, de graça, de glorificação. Para que esta participação frutuosa da Liturgia seja eficaz, é preciso que ela seja consciente, ativa e plena.

Até hoje se vive um impasse na compreensão da participação da Sagrada Liturgia por parte dos fiéis, com sérias consequências. Na recepção da *Sacrosanctum Concilium* no Brasil praticamente só se considerou a participação ativa, dando menor ênfase à participação consciente e plena. E mais. A participação

os pastores de almas, em toda a sua atividade pastoral, a procurarem-na com o máximo empenho, através da devida formação.

Mas, não havendo esperança alguma de que isto aconteça, se antes os pastores de almas não se imbuírem

---

ativa foi reduzida à participação oral e se caiu numa verbosidade exagerada. Assim, quanto mais se fala e se canta mais ativa é considerada a participação. Esqueceu-se e ainda se esquece de que a participação ativa da Liturgia engloba todas as faculdades da pessoa, a inteligência, a vontade e os sentimentos, e todos os sentidos: a vista, o ouvido, o olfato, o paladar e o tato. A participação da Liturgia é, antes de tudo, ação, é uma participação de corpo inteiro. Daí a tendência de fazer com que os fiéis participem de orações presidenciais. Acaba-se transformando a assembleia toda ela celebrante em plateia de show, em espetáculo.

A participação consciente depende muito da catequese em geral e da formação litúrgica em momento anterior à celebração.

A participação plena consiste na participação de corpo inteiro, nas celebrações inteiras, isto é, do começo até o fim, e na participação da plenitude do mistério celebrado como, por exemplo, a comunhão na celebração da Eucaristia.

Na questão da participação consciente, ativa e plena da Liturgia para que ela seja frutuosa e eficaz ainda temos um longo caminho a percorrer. Não faltam críticas à compreensão de participação ativa defendida pelo Movimento Litúrgico e assumida pelo Concílio Vaticano II. Será preciso acentuar mais a vivência dos mistérios celebrados. A Liturgia não é em primeiro lugar transmissão de mensagens, comunicação doutrinal, transmissão de ideias, mas experiência do absoluto, do transcendente, de Deus. Isso, na linguagem ritual simbólica, vai muito além das palavras, das noções, dos discursos. Esta linguagem ritual atinge as emoções mais dos que o intelecto discursivo.

primeiramente do espírito e da força da Liturgia e não se tornarem mestres nela, é absolutamente necessário que se dê o primeiro lugar à formação litúrgica do clero. Diante disso, o sagrado Concílio decidiu estabelecer quanto segue:

Formação dos professores de Liturgia

15. Os professores escolhidos para ensinar Liturgia nos seminários, nas casas religiosas de estudos e nas faculdades teológicas devem receber a formação conveniente ao seu cargo em estabelecimentos para isso especialmente destinados.

Formação litúrgica em todos os níveis: 15. Formação de mestres em Sagrada Liturgia: Entre as condições para conseguir a formação litúrgica dos fiéis está a necessidade de haver professores formados na matéria. Nos últimos séculos a disciplina da Sagrada Liturgia costumava ser dada pelo Professor de Moral ou de Direito Canônico. Constituía uma matéria secundária, um apêndice na formação dos padres. Restringia-se, praticamente, ao estudo das rubricas necessárias para "dizer" bem a Missa. Era a rubricística, dentro de uma compreensão legalista da Sagrada Liturgia.

Tal formação litúrgica perdurou, a partir do Concílio de Trento, ao menos por três séculos. Desde os inícios do século XX, já se tratava também da origem e da evolução histórica dos ritos. O Movimento Litúrgico também se interessava em aprofundar a Sagrada Liturgia em sua dimensão teológica e espiritual, restrita praticamente ao próprio Movimento. O Concílio pede que os professores escolhidos para lecionar a disciplina da Sagrada Liturgia sejam formados em estabelecimentos a isso especialmente destinados. Por ocasião do Concílio já existiam dois Centros Superiores de formação litúrgica, o Instituto Superior de Liturgia de Paris e

Ensino da Liturgia

16. A Sagrada Liturgia deve ser tida, nos seminários e casas religiosas de estudos, por uma das disciplinas necessárias e mais importantes, nas faculdades de teologia como disciplina principal, e seja ensinada tanto sob o aspecto teológico e histórico, quanto espiritual, pastoral e jurídico. Além disso, procurem os professores das demais disciplinas, sobretudo os de teologia dogmática, Sagrada Escritura, teologia espiritual e pastoral fazer ressaltar, a partir das exigências intrínsecas de cada disciplina, o mistério de Cristo e a história da salvação, para que se veja claramente a sua conexão com a Liturgia e a unidade da formação sacerdotal.

---

o Pontifício Instituto Litúrgico de Santo Anselmo, em Roma. Hoje já temos vários outros Institutos espalhados pelo mundo. Existe, porém, uma grande carência de professores para a formação litúrgica nos nossos Seminários. Em consequência disso, acontecem tantos absurdos e distorções nas ações litúrgicas de nossas Comunidades de fé.

16. Instrução litúrgica do clero: A declaração dos Padres Conciliares ao número 16 diz: Quanto à instrução litúrgica do clero deseja-se inculcar o seguinte: (1) Na organização dos programas que nas faculdades teológicas regem todo o currículo dos estudos, a ciência da Sagrada Liturgia seja contada entre as disciplinas principais e não entre as auxiliares. Isto decorre da própria natureza da Liturgia, enquanto se afigura como um ato vital de Cristo e de todo o seu Corpo Místico, como fonte e ápice da vida espiritual e pastoral da Igreja. Contudo, a inserção da Sagrada Liturgia entre as disciplinas principais não inclui que seja ensinada tantas horas por semana quantas as da Teologia Dogmática e de

Formação litúrgica dos candidatos ao sacerdócio

17. Nos seminários e casas religiosas, adquiram os clérigos uma vida espiritual informada pela Liturgia, mediante uma conveniente iniciação que lhes permita penetrar no sentido dos ritos sagrados e participar perfeitamente neles, mediante a celebração dos

---

Sagrada Escritura. É necessário apenas que durante quatro anos se reserve ao menos uma hora por semana, de forma que se possa abordar e exaurir, na medida do possível, todo o seu objeto. (2) Nem se trate da disciplina da Sagrada Liturgia somente sob o aspecto jurídico ou rubricístico, nem unicamente sob o aspecto histórico; mas assim que se lhe proponha a explicação científica, enquanto possível integral do próprio objeto, ilustrando-o tanto sob o aspecto teológico e histórico quanto sob o aspecto espiritual, pastoral e jurídico.

Temos mais uma observação a fazer. A centralidade da Liturgia na vida cristã deve ser considerada também no tratamento de outras disciplinas, especialmente da Teologia Dogmática, Sagrada Escritura, Teologia Espiritual e Pastoral, realçando o mistério de Cristo e a História da Salvação, de tal modo que transpareçam claramente a sua conexão com a Liturgia e a unidade da formação sacerdotal. Realmente, a Liturgia pode ser considerada como a "teologia primeira". Hoje se consideram dois aspectos na compreensão da Liturgia. A teologia da Liturgia ou a compreensão teológica da Sagrada Liturgia e Teologia litúrgica. Isto significa que se pode e se deve estudar a Teologia, inclusive a Liturgia, a partir dos ritos, ou seja, da celebração da fé.

17. A vida litúrgica nos seminários e casas religiosas: Não basta um estudo acadêmico da Sagrada Liturgia. A formação litúrgica exige uma iniciação prática além da teórica. Tão importante ou talvez mais importante do que o estudo acadêmico é a

sagrados mistérios, como também mediante outros atos de piedade permeados do espírito da Sagrada Liturgia. Aprendam também a observar as leis litúrgicas, para que a vida dos seminários e institutos religiosos se impregne totalmente de espírito litúrgico.

Ajudar os sacerdotes no ministério

18. Os sacerdotes, quer seculares, quer religiosos, que já labutam na vinha do Senhor, sejam ajudados por todos os meios oportunos, para que, sempre mais plenamente, penetrem o sentido do que realizam nas sagradas funções, vivam a vida litúrgica, e façam dela participantes os fiéis a eles confiados.

---

vivência litúrgica nos seminários e casas de formação. A Liturgia deve imbuir toda a espiritualidade. Isso se alcança pela celebração dos mistérios e pela prática de outros exercícios de espiritualidade centrados e iluminados pela Sagrada Liturgia. A Sagrada Liturgia deverá ser o cume e a fonte de toda a vida espiritual dos candidatos. Importa que a vida dos seminários e casas religiosas seja profundamente impregnada pelo espírito litúrgico.

18. A vida litúrgica dos sacerdotes: Também os sacerdotes que já labutam na vinha do Senhor devem ser ajudados a se atualizarem na compreensão e na vivência da Sagrada Liturgia, "penetrem o sentido do que realizam nas sagradas funções, vivam a vida litúrgica e façam dela participantes os fiéis a eles confiados". Muita coisa foi feita neste sentido nos anos após o Concílio. A formação litúrgica dos sacerdotes constitui uma questão crucial ainda hoje para que os fiéis dela possam participar consciente, ativa e frutuosamente. Aos poucos a questão da formação litúrgica dos sacerdotes começa a fazer parte da formação permanente.

Formação litúrgica dos fiéis

19. Com empenho e paciência procurem os pastores de almas dar a formação litúrgica e promovam também a participação ativa dos fiéis, tanto interna como externa, segundo a sua idade, condição, gênero de vida e grau de cultura religiosa, na convicção de que estão cumprindo um dos mais importantes deveres do fiel dispensador dos mistérios de Deus. Neste ponto guiem o rebanho não só com palavras, mas também com o exemplo.

Meios audiovisuais e Liturgia

20. As transmissões por rádio e televisão das funções sagradas, particularmente em se tratando da santa

---

19. Formação litúrgica e participação ativa dos fiéis: Este número trata da formação litúrgica dos fiéis para que possam participar da Sagrada Liturgia em sua plenitude, interna e externamente. Isso significa que deverão ser iniciados nos mistérios celebrados para saberem realmente o que estão celebrando, bem como na linguagem simbólica da Sagrada Liturgia, ou seja, na compreensão dos ritos sagrados. Desta forma, a ação litúrgica será expressão da comunhão pessoal com o mistério, com o divino, com o próprio Deus. Tudo se torna oração pessoal de comunhão com Deus, por Cristo e em Cristo. Tal formação litúrgica integral deve tomar em consideração a idade, a condição, o gênero de vida e grau de cultura religiosa das pessoas e dos grupos. No desempenho dessa função de dispensadores fiéis dos mistérios de Deus, os pastores devem conduzir o seu rebanho não só pela palavra, mas também pelo exemplo.

20. Transmissões por rádio e televisão: O Concílio não entra no mérito da questão sobre o valor da transmissão da

Missa, façam-se com discrição e dignidade, sob a direção e responsabilidade de pessoa competente, escolhida para tal ofício pelos bispos.

III. Reforma da Sagrada Liturgia

21. A santa mãe Igreja, para permitir ao povo cristão o acesso mais seguro à abundância de graças que a Liturgia contém, deseja fazer uma acurada reforma geral da Liturgia. Na verdade, a Liturgia compõe-se de uma parte imutável, porque de instituição divina,

---

Liturgia por rádio e televisão. Até hoje a questão continua a ser motivo de discussão e de aprofundamento. Os Padres Conciliares já se encontravam diante de uma realidade. A transmissão da Missa pela televisão certamente tem seu valor, mas não é propriamente a Missa, que exige a presença, que exige o comer e beber juntos. Alguém, por acaso, já comungou pela telinha? A transmissão poderá ser feita, mas será mais um documentário sobre a Missa do que uma celebração propriamente dita. Certamente, será de utilidade para a escuta da Palavra de Deus, para a devoção e a formação cristã continuada. Os Padres Conciliares mostram-se muito reservados a respeito. Por isso, pedem que as transmissões se façam com discrição e decoro, sob a direção e responsabilidade de pessoa idônea, escolhida pelos bispos. Os meios têm que estar a serviço da assembleia celebrante e não o contrário, como muitas vezes acontece.

Título III: Trata do propósito da Igreja de proceder a uma reforma de toda a Liturgia e apresenta normas gerais para sua realização (SC n. 21-40). O Título III é introduzido por um preâmbulo.

21. Preâmbulo: Temos novamente um preâmbulo, indicando o princípio geral para a reforma geral da Liturgia da Igreja, princípio que deve reger todas as outras normas apresentadas.

e de partes suscetíveis de mudanças. Estas, com o passar dos tempos, podem ou mesmo devem variar, se nelas se introduzirem elementos que menos correspondam à natureza íntima da própria Liturgia, ou se estes se tenham tornado menos oportunos.

Nesta reforma, porém, o texto e as cerimônias devem ordenar-se de tal modo, que de fato exprimam mais claramente as coisas santas que eles significam, e o povo cristão possa compreendê-las facilmente, à medida do possível, e também participar plena e ativamente da celebração comunitária.

Em vista disso, o sagrado Concílio estabeleceu as seguintes normas de caráter geral.

A finalidade da reforma geral da Liturgia da Igreja é levar o povo cristão a conseguir com mais segurança a abundância de graças, portanto uma participação eficaz e frutuosa da Sagrada Liturgia.

Os Padres Conciliares distinguem na Liturgia uma parte imutável, divinamente instituída, e partes suscetíveis de mudança. Afirmam ainda que estas partes suscetíveis de mudança com o correr dos tempos podem ou mesmo devem variar, se nelas se introduzir algo que não corresponda bem à natureza íntima da própria Liturgia. Contudo, não se chega a definir o que se entende por parte imutável divinamente instituída e partes suscetíveis de mudança. A parte divinamente instituída seriam os mistérios celebrados? Ou haveria outros elementos divinamente instituídos? Quanto à expressão da Sagrada Liturgia ou dos ritos como são entendidos teologicamente, não temos muitos elementos de instituição divina. Sabemos que Jesus Cristo mandou batizar. Mas as formas de sua celebração variaram muito no decorrer da história. Jesus mandou fazer memória da nova Páscoa de sua Paixão-Morte

a) Normas gerais

A regulamentação litúrgica compete à hierarquia

22. § 1. Regular a Sagrada Liturgia compete unicamente à autoridade da Igreja, a qual reside na Sé Apostólica e, segundo as normas do Direito, no bispo.

§ 2. Em virtude do poder concedido pelo direito, pertence também às competentes conferências territoriais dos bispos, de vários tipos, legitimamente constituídas, regular, dentro de determinados limites, a Liturgia.

---

e Ressurreição em forma de Ceia pascal: "Fazei isto em memória de mim". Mas uma coisa que Cristo mandou fazer foi certamente o comer o seu Corpo dado e beber o seu Sangue derramado. Acontece que por séculos os fiéis com direito à participação plena na Sagrada Liturgia só podiam comungar sob as espécies do pão, sem beber do seu Sangue. Desta compreensão do que seja imutável divinamente instituído e das partes mutáveis depende certamente o âmbito da reforma da Sagrada Liturgia.

Seja como for, o Concílio pede uma simplificação dos ritos, que ele chama de textos e cerimônias, de tal modo que exprimam mais claramente as coisas santas que eles significam, de tal modo que os fiéis os compreendam mais facilmente e assim possam participar plena e ativamente das celebrações.

Para alcançar o objeto da reforma geral, o Concílio apresenta algumas normas gerais.

A) Normas gerais para a reforma. 22. A regulamentação da Sagrada Liturgia compete somente à hierarquia: Neste número 22 surge a questão da função do Magistério da Igreja em relação à Sagrada Liturgia, problemática, a meu ver, não inteiramente resolvida.

§ 3. Portanto, ninguém mais, absolutamente, mesmo que seja sacerdote, ouse, por sua iniciativa, acrescentar, suprimir ou mudar seja o que for em matéria litúrgica.

Trata-se de saber qual é realmente a função do Magistério da Igreja ou da Hierarquia. Da compreensão da natureza da Liturgia surgem também dois aspectos da função do Magistério em relação à Liturgia: em relação ao conteúdo, ou seja, em relação à natureza da Liturgia e em relação à sua expressão, isto é, à sua linguagem ritual.

A função do Magistério certamente não é a de fazer com que uma ação seja litúrgica ou não. No campo da revelação em geral o Magistério não faz com que algo seja verdade revelada, mas garante que algo seja verdade revelada, e temos o dogma. Assim, no campo da Liturgia que celebra a fé, o Magistério tem antes de mais nada a função de garantir a verdade ou a ortodoxia do culto cristão, a Sagrada Liturgia. Ele não faz com que determinada celebração seja litúrgica ou não, mas garante que uma celebração seja de fato litúrgica.

A outra função se encontra na garantia de certa unidade de linguagem dos textos e dos ritos, embora os textos também constituam ritos, ou seja, certa unidade na expressão significativa dos mistérios celebrados. Os ritos, por sua natureza, não podem ser improvisados ou mudados a toda hora. Neste sentido, devem respeitar a autêntica Tradição e as válidas tradições.

O número 22, no entanto, não distingue entre a dupla função, englobando tudo no mesmo nível. Deixa a impressão de que os Padres Conciliares não tenham considerado suficientemente o que afirmaram até o número 13, sobre a natureza da Sagrada Liturgia. Corre-se o risco de recair num certo legalismo no campo da Liturgia.

Assim, os três parágrafos definem a quem compete mudar qualquer coisa na Sagrada Liturgia em geral, a quem compete regulamentar a Sagrada Liturgia até os pormenores de sua expressão significativa dos mistérios celebrados.

Tradição e progresso

23. Para conservar a sã tradição e abrir ao mesmo tempo o caminho a um progresso legítimo, faça-se uma acurada investigação teológica, histórica e pastoral acerca de cada uma das partes da Liturgia que devem ser revistas. Tenham-se ainda em consideração as leis gerais da estrutura e do espírito da Liturgia, a experiência adquirida nas mais recentes reformas litúrgicas e nos indultos aqui e além concedidos. Finalmente, não se introduzam inovações, a não ser que utilidade autêntica e certa da Igreja o exija, e com a preocupação de que as novas formas como que surjam a partir das já existentes.

O parágrafo primeiro afirma que "regular a Sagrada Liturgia compete unicamente à autoridade da Igreja". E esta autoridade cabe à Santa Sé Apostólica, e, segundo as normas do Direito, ao bispo. Acontece que o direito confiou muito pouca coisa ao bispo.

Num segundo nível, em âmbito regional, é concedido também a vários tipos de competentes conferências territoriais dos bispos dispor sobre assuntos de Liturgia. Isso conforme o Direito. É bom lembrar que nos anos do Concílio as conferências dos bispos ainda se encontravam em fase de formação e organização. Por isso, fala-se de vários tipos de competentes conferências territoriais dos bispos.

O parágrafo terceiro exclui qualquer outra instância como autoridade para acrescentar, tirar ou mudar, por própria conta, qualquer coisa à Liturgia, mesmo que seja sacerdote. Ora, o sacerdote presidente de uma celebração não é robô. É uma pessoa viva diante de uma assembleia de pessoas vivas. Certamente, por própria conta não, mas se as circunstâncias o exigirem não se compreende por que não. Claro, sem arbitrariedades. Não quanto à ortodoxia, mas sim quanto à maneira de executar os ritos, como linguagem do mistério celebrado.

Evitem-se, na medida do possível, diferenças notáveis nos ritos entre regiões confinantes.

Bíblia e Liturgia

24. É muito grande a importância da Sagrada Escritura na celebração litúrgica. Dela se extraem os textos para a leitura e explicação na homilia e os salmos para cantar; do seu espírito e da sua inspiração nasceram orações,

---

Constatamos que as reformas constantes nos novos Rituais amenizaram um pouco a rigidez da legislação sobre a Sagrada Liturgia, indicando variantes ou opções que podem ser escolhidas pelo próprio sacerdote presidente da celebração.

23. Tradição e progresso: Aqui se diz que toda mudança a ser introduzida na reforma da Liturgia deve tomar em consideração a sã tradição e um legítimo progresso. Por isso cada ponto a ser tocado deve ser precedido de cuidadosa investigação teológica, histórica e pastoral. Portanto, não se trata de mudar por mudar ou simplesmente pela novidade. Naturalmente o sinal litúrgico se volta para o passado, pois significa o evento pascal celebrado. O sinal litúrgico, por sua natureza, se volta sobre o passado, indica o presente e prefigura o futuro ou já contém o futuro que se cumprirá em plenitude na parusia.

Temos ainda ao menos três aspectos a serem considerados na reforma: que elementos das reformas anteriores da Liturgia sejam considerados, bem como certas experiências concedidas e em andamento em alguns lugares; não se façam inovações a não ser que a verdadeira e certa utilidade da Igreja o exija e tomando a devida cautela de que as novas formas de certo modo brotem como que organicamente daquelas que já existiam; finalmente, que se garanta certa unidade entre regiões vizinhas.

24. A Sagrada Escritura na Liturgia: O número 24 da SC apresenta a importância da Sagrada Escritura na Liturgia da Igreja.

preces e hinos litúrgicos; dela tiram o seu significado os sinais e ações. Portanto, para promover a reforma, o progresso e a adaptação da Sagrada Liturgia, é necessário desenvolver aquele suave e vivo amor pela Sagrada Escritura de que dá testemunho a venerável tradição dos ritos, quer orientais quer ocidentais.

Revisão dos livros litúrgicos

25. Os livros litúrgicos sejam quanto antes revistos por pessoas competentes e consultando bispos de diversos países do mundo.

"Desde então [de Pentecostes], a Igreja jamais deixou de reunir-se para celebrar o Mistério Pascal: lendo 'tudo quanto nas Escrituras a ele se referia' (Lc 24,27)" (cf. SC 6). Portanto, os próprios mistérios celebrados são inspirados e iluminados pelas Sagradas Escrituras. No decorrer dos séculos, porém, seu uso, na Liturgia em geral, foi-se ofuscando. Contudo, o Concílio reconhece que ela é de máxima importância. Isso por várias razões. Primeiramente, porque a Liturgia a usa para as leituras que ilustram e fazem memória dos mistérios celebrados, leituras essas comentadas na homilia e dela se cantam os salmos. Um segundo motivo: toda a eucologia, isto é, as preces, as orações e os hinos litúrgicos, inspiram-se nas Sagradas Escrituras. Os diversos atos e sinais ou símbolos usados na Liturgia são iluminados e recebem significado das Sagradas Escrituras.

Este artigo sobre a importância da Sagrada Escritura na Liturgia deve ser lido e interpretado também a partir do art. 35, que pede que se restaure a leitura da Sagrada Escritura mais abundante, variada e apropriada, e do art. 51, que se refere à reforma do rito da Missa, fala da mesa da Palavra de Deus preparada para os fiéis, abrindo-lhes os tesouros bíblicos.

25. Revisão dos livros litúrgicos: A Liturgia não se encontra nos livros, mas na ação celebrativa da Igreja. Os livros, em

b) Normas que derivam da natureza hierárquica e comunitária da Liturgia

26. As ações litúrgicas não são ações privadas, mas celebrações da Igreja, que é "sacramento de unidade",[25] povo santo reunido e ordenado sob a direção dos bispos.[26]

Por isso, estas celebrações pertencem a todo o corpo da Igreja, manifestam-no e implicam-no; mas atingem a cada um dos membros de modo diferente,

---

[25] Missal Romano, Secreta da segunda-feira na oitava de Pentecostes.

[26] S. Cipriano, De cath. eccl. unitate, 7; cf. Ep. 66, n. 8,3.

---

geral chamados Rituais, contêm a expressão significativa para a celebração dos mistérios, ou seja, os diversos ritos. Estes Rituais, chamados livros litúrgicos, sejam quanto antes revistos, através do trabalho de pessoas especializadas e feita a consulta aos bispos das diversas partes do mundo. Desta forma se pretende manter a sã tradição e abrir caminho para um legítimo progresso (SC 23).

Este imenso trabalho foi realizado em grande parte pelo Conselho para a Execução da Constituição sobre a Sagrada Liturgia e completado pela, então, Sagrada Congregação dos Ritos, por alguns anos, Sagrada Congregação para o Culto Divino e, hoje, Congregação do Culto Divino e a Disciplina dos Sacramentos. De fato, foram reformados todos os ritos, tanto dos sacramentos como de outras celebrações também chamadas sacramentais, sempre com os respectivos Lecionários. Destaca-se o Lecionário do Missal Romano, *Ordo Lectionum Missae*, que realmente abre o tesouro da Palavra de Deus aos fiéis.

B) Normas tiradas da Liturgia como ação hierárquica e comunitária. 26. A Liturgia como celebração da Igreja: As ações litúrgicas não são ações privadas, mas celebrações da Igreja compreendida como sacramento da unidade, isto é, o povo conforme a diversidade de ordens, dos ofícios e da atual participação.

Deve-se preferir a celebração comunitária

27. Sempre que os ritos implicam, segundo a natureza particular de cada um, uma celebração comunitária, com a presença e ativa participação dos fiéis, inculque-se que esta deve preferir-se, à medida do possível, à celebração individual e quase particular.

---

santo, unido e ordenado sob a direção dos bispos. Por isso, estas celebrações pertencem a todo o Corpo da Igreja, manifestam todo o Corpo da Igreja e o afetam. Mas as celebrações da Igreja atingem os diversos membros de modo diferente, conforme a diversidade de ordens, ofícios e da participação atual.

27. Preferência pela celebração comunitária: Pelo fato de a ação litúrgica constituir uma ação de toda a Igreja, Cabeça e Membros, é natural que a forma normal da ação seja a comunitária, isto é, do povo de Deus reunido em assembleia. Trata-se aqui, não tanto da questão da validade de uma ação litúrgica, mas do seu sentido. Por isso a preferência pela celebração comum, com a frequência e a participação ativa dos fiéis. Na Liturgia aparece a Igreja como mistério e como sinal e instrumento de salvação. Dentro da compreensão da Igreja *de jure*, ou seja, "de direito", pode-se admitir uma ação litúrgica individual, ou seja, "quase" privada, o que quer dizer "como que privada". Percebe-se logo que é meio difícil celebrar individualmente ou celebrar sozinho. Pode-se realizar uma ação em nome da Igreja. Isso pode acontecer quando uma pessoa é deputada, delegada ou recebe um mandato da competente autoridade. Deve-se reconhecer, porém, que desta forma o sinal sensível e significativo da ação litúrgica ou da celebração fica prejudicado, como, por exemplo, a Missa como Ceia do Senhor, como Banquete pascal.

Isto vale principalmente para a celebração da Missa, salvaguardando sempre a natureza pública e social de qualquer Missa, e para a administração dos sacramentos.

Decoro da celebração litúrgica

28. Nas celebrações litúrgicas, seja quem for, ministro ou fiel, exercendo o seu ofício, faça tudo e só aquilo que pela natureza da coisa ou pelas normas litúrgicas lhe compete.

29. Os que servem ao altar, leitores, comentaristas e componentes do grupo coral exercem também um verdadeiro ministério litúrgico. Desempenhem, portanto,

---

28. Funções diversas na celebração: Cada qual faça tudo e só aquilo que lhe compete. Antes do Concílio as funções da celebração eram muito centralizadas no sacerdote presidente da assembleia. A chamada Missa solene bem como a "cantada" ainda previa diversas funções. Na Missa solene tínhamos o subdiácono e o diácono, que cantavam respectivamente a Epístola e o Evangelho, os acólitos, e a *schola cantorum* ou coral, que cantava as partes do comum em gregoriano ou a mais vozes e as partes próprias em gregoriano. Nas Missas "rezadas" ou sem canto, o padre recitava tudo, tanto as leituras como as partes próprias para o canto. Os diálogos eram realizados entre o sacerdote e os acólitos ou coroinhas, enquanto os fiéis assistiam como espectadores mudos. Na reforma pós-conciliar, as principais funções são as do sacerdote presidente da assembleia, do diácono, dos leitores, dos acólitos, do grupo de cantores, do salmista.

29. A instrução para as diversas funções: Enumeram-se aqui as principais funções além da função do sacerdote e

sua função com a piedade sincera e a ordem que convêm a tão grande ministério e que, com razão, o povo de Deus exige deles.

Por isso, é necessário que, de acordo com as condições de cada qual, sejam cuidadosamente imbuídos do espírito litúrgico e preparados para executar as suas partes, perfeita e ordenadamente.

Participação ativa dos fiéis

30. Para promover a participação ativa, cuide-se de incentivar as aclamações dos fiéis, as respostas, a salmodia, as antífonas, os cânticos, bem como as ações, gestos e atitudes. Seja também observado, a seu tempo, o silêncio sagrado.

---

do diácono. Os mencionados são: os acólitos, chamados "ministrantes", em latim, ou ajudantes, os leitores, os comentaristas, os membros da *Schola cantorum*, depois chamados "Grupo de cantores" ou coral. Pede-se que todos exerçam seu verdadeiro ministério litúrgico com piedade e ordem como convém a tão grande ministério. Por isso, será necessário que eles sejam imbuídos do espírito litúrgico e preparados para executar as suas partes, perfeita e ordenadamente. A execução de qualquer rito ou ação deve ser ensaiada, para que possa ser significativa e eloquente.

30. Participação ativa dos fiéis: Aqui são lembrados também os fiéis em geral que formam a assembleia celebrante. Deve-se promover sua participação ativa. A participação ativa dos fiéis através de palavras passa pelas aclamações do povo, as respostas, a salmodia, as antífonas e os cantos. Mas há expressão também através de ações, gestos e posturas do corpo. O número lembra, enfim, a necessidade de guardar o silêncio sagrado a seu tempo.

31. Na revisão dos livros litúrgicos, procure-se que as rubricas prevejam também as partes dos fiéis.

Liturgia e classes sociais

32. Na Liturgia, exceto a distinção que deriva da função litúrgica e das sagradas ordens e das honras devidas às autoridades civis conforme as normas das leis litúrgicas, não haja nenhuma acepção de pessoas particulares ou de condições, quer nas cerimônias, quer nas solenidades externas.

c) Normas que decorrem da natureza didática e pastoral da Liturgia

33. Embora a Sagrada Liturgia seja principalmente culto da majestade divina, é também grande fonte de

---

31. As rubricas deverão indicar as partes dos fiéis: Rubricas são as normas litúrgicas, as orientações. Nos livros revistos pela reforma deve-se cuidar que as rubricas não se restrinjam às diversas funções, mas indiquem as partes próprias do povo.

32. Não haja nenhuma acepção de pessoas: A assembleia é a reunião dos filhos e filhas do mesmo Pai celeste, irmãos e irmãs de Jesus Cristo e em Cristo Jesus. Exceto a distinção que provém de função litúrgica ou de ordem sacra e excetuadas as honras devidas às autoridades civis de acordo com as normas litúrgicas, não se fará acepção nenhuma de pessoas ou de classes sociais nem nas cerimônias nem no ornamento externo.

C) Normas tiradas da índole didática e pastoral da Liturgia. 33. Preâmbulo: No art. 33 os Padres conciliares mostram o que entendem por "índole didática e pastoral" da Liturgia, para daí tirar alguns princípios para a reforma.

instrução para o povo fiel.[27] Efetivamente, na Liturgia Deus fala ao seu povo, e Cristo continua a anunciar o Evangelho. Por seu lado, o povo responde a Deus com o canto e a oração.

Mais, as orações dirigidas a Deus pelo sacerdote que preside à comunidade na pessoa de Cristo são rezadas em nome de todo o povo santo e de todos os que estão presentes. Os próprios sinais sensíveis que a Liturgia usa para simbolizar as realidades divinas invisíveis foram escolhidos por Cristo ou pela Igreja. Por isso, não é só quando se faz a leitura "do que

---

[27] Cf. Conc. Trid. Sess. XXII, Doctr. De SS. Missæ sacrif., c. 8: Denz. 946.

Está claro que a celebração litúrgica não constitui uma catequese, mas ela é catequética. A catequese em si constitui momento distinto da ação celebrativa litúrgica. Neste sentido não se deve transformar a Celebração em encontro de catequese. A Liturgia é por sua própria natureza catequética. Os fiéis celebram a fé e, celebrando-a, aprofundam-se nos mistérios celebrados. Por isso, diz-se que, embora a Liturgia seja, principalmente, culto da Majestade Divina, encerra também grande ensinamento ao povo fiel.

Na Liturgia Deus continua a falar a seu povo, Cristo anuncia ainda o Evangelho e o povo responde a Deus com cantos e orações, sobretudo através do sacerdote que preside a Comunidade de fé. Também os sinais sensíveis que a Sagrada Liturgia usa para significar as coisas divinas invisíveis foram escolhidos por Cristo ou pela Igreja. Assim, não só enquanto se lê "o que foi escrito para nosso ensinamento", mas também enquanto a Igreja reza ou canta ou age se alimenta a fé dos participantes. Disso decorre que na Liturgia o sacerdote exerce de modo muito intenso o ministério de pastor.

foi escrito para nosso ensinamento" (Rm 15,4), mas também quando a Igreja reza, canta ou age, que a fé dos presentes é alimentada e os espíritos se elevam a Deus, para lhe prestar o obséquio racional e receberem com mais abundância a sua graça.

Por isso, ao fazer a reforma da Liturgia, devem ser observadas as seguintes normas gerais.

Harmonia dos ritos

34. As cerimônias resplandeçam de nobre simplicidade, sejam claras na brevidade e evitem as repetições inúteis; devem adaptar-se à capacidade de compreensão dos fiéis e não precisar, em geral, de muitas explicações.

---

34. Simplificação dos ritos: Para que a Liturgia cumpra realmente com sua finalidade didática ou catequética e pastoral, cuide-se que na reforma as cerimônias ou os ritos resplandeçam de nobre simplicidade, sejam transparentes por sua brevidade e evitem as repetições inúteis, sejam adaptadas à compreensão dos fiéis de tal modo que em geral não precisem de muitas explicações. Os símbolos e os ritos formados por um conjunto de símbolos devem falar por si mesmos. Em resumo, que a expressão significativa dos mistérios celebrados seja simplificada. Claro que isso não dispensa uma formação litúrgica que está, sobretudo, na catequese, a começar da iniciação cristã, e na catequese mistagógica, que consiste na meditação sobre os ritos vividos na celebração, aprofundando a sua compreensão como linguagem do mistério que eles ocultam, revelam e comunicam. A dimensão catequética ou iniciática da Liturgia deve cuidar que a Sagrada Liturgia não se torne intelectualizada, não se transforme em doutrinação, em simples transmissão de mensagens doutrinais ou

Bíblia, pregação e catequese litúrgica

35. Para que apareça claramente que na Liturgia as cerimônias e as palavras estão intimamente unidas:

1) Nas celebrações litúrgicas seja mais abundante, variada e bem adaptada a leitura da Sagrada Escritura.

2) Indiquem as rubricas o momento mais apto para a pregação, que é parte da ação litúrgica, quando o rito a comporta. O ministério da palavra deve ser exercido com muita fidelidade e no modo devido. Deve a pregação, em primeiro lugar, haurir os seus temas da Sagrada Escritura e da Liturgia, sendo como que o anúncio das maravilhas divinas na história da salvação, isto é, no mistério de Cristo, que está sempre presente em nós e opera, sobretudo nas celebrações litúrgicas.

3) Procure-se também inculcar, por todos os modos, uma catequese mais diretamente litúrgica, e prevejam-se nas próprias cerimônias, quando necessário, breves esclarecimentos, feitos só nos momentos mais

---

morais. Na Liturgia importa não só o aspecto racional do conhecimento, mas a experiência da fé que se dá muitas vezes no nível do subconsciente e até do inconsciente. Trata-se da linguagem simbólico-ritual.

35. Leitura da Sagrada Escritura, pregação e catequese litúrgica: Nos ritos renovados deverá aparecer claramente a íntima relação entre as cerimônias e as palavras. Os Padres conciliares propõem quatro providências para os fiéis realmente alimentarem sua fé, despertarem suas mentes para Deus e lhe prestarem um culto racional e receberem com mais abundância sua graça (n. 33).

oportunos, pelo sacerdote ou ministro competente, com palavras prescritas ou semelhantes às prescritas.

4) Promova-se a celebração da Palavra de Deus nas vigílias das festas mais solenes, em alguns dias feriais do Advento e da Quaresma e nos domingos e dias

---

1) Que nas celebrações litúrgicas se restaure a leitura da Sagrada Escritura mais abundante, variada e apropriada. Deve-se lembrar, porém, que a proclamação da Palavra de Deus na Liturgia não é mero anúncio do Evangelho nem, em primeiro lugar, catequese, mas já constitui um rito comemorativo dos mistérios celebrados. A Sagrada Liturgia é o lugar privilegiado da Palavra de Deus atual, viva e eficaz.

2) Que se resgate a natureza e a prática da homilia como parte da ação litúrgica. Ensina que a pregação deve, em primeiro lugar, haurir os seus temas da Sagrada Escritura e da Liturgia, sendo como que o anúncio das maravilhas divinas realizadas na história da salvação ou no mistério de Cristo. O Cristo está presente e fala na voz do homiliasta. A homilia deverá ser anúncio do Evangelho, testemunho do Mistério Pascal, contemplação das maravilhas de Deus e oração do homiliasta e de toda a assembleia.

3) A terceira expressão do serviço pastoral pela Liturgia é a catequese litúrgica que precede a celebração, sobretudo, dos sacramentos. Também na própria celebração poderão ser feitas pequenas didascálias, comentários explicativos das cerimônias e dos ritos em geral. Estas intervenções catequéticas, que poderão ser proferidas pelo sacerdote ou pelo ministro competente, sejam feitas em momento oportuno, com palavras prescritas ou semelhantes às prescritas. Estas intervenções explicativas são mais apropriadas por ocasião de alguma celebração maior, em assembleias pouco iniciadas na fé cristã. Quanto mais uma Comunidade de fé crescer na compreensão e vivência dos mistérios celebrados menos importantes se tornam os comentários explicativos.

de festa, especialmente onde não houver sacerdote; neste caso será um diácono, ou outra pessoa delegada pelo bispo, a dirigir a celebração.

A língua litúrgica

36. § 1. Salvo o direito particular, seja conservado o uso da língua latina nos ritos latinos.

§ 2. Dado, porém, que não raramente o uso da língua vernácula pode ser muito útil para o povo, seja na Missa, seja na administração dos sacramentos, seja em outras partes da Liturgia, dê-se-lhe um lugar mais

---

4) Incentive-se a Celebração da Palavra de Deus em si mesma, não apenas em união com os sacramentos, sobretudo, naqueles lugares onde falta o padre. Neste caso, seja o diácono ou algum outro delegado pelo bispo quem dirija a celebração.

Este resgate da celebração da Palavra de Deus constitui, certamente, uma grande bênção para a Igreja, sob três aspectos. Primeiro, o maior contato com a Palavra de Deus, viva, atual e eficaz quando é lida na Igreja. Segundo, na iluminação das diversas devoções populares, e, terceiro, na celebração do Dia do Senhor em torno da Palavra de Deus, na ausência do sacerdote.

36. Língua litúrgica: Neste ponto o Concílio Vaticano II ficou, em teoria, um pouco preso aos decretos do Concílio de Trento. Na prática, porém, abriu espaço para as línguas vernáculas. Este artigo tem quatro parágrafos.

No § 1 conserva-se o uso da língua latina nos Ritos latinos. Respeita-se, no entanto, o direito particular.

No § 2 dá-se espaço mais amplo para o emprego da língua vernáculo na Missa, nos sacramentos e em outras partes da Liturgia, principalmente nas leituras, admoestações, em algumas orações e cânticos.

amplo, especialmente nas leituras e admoestações, em algumas orações e cânticos, segundo as normas estabelecidas para cada caso nos capítulos seguintes.

§ 3. Observando estas normas, pertence à competente autoridade eclesiástica territorial a que se refere o artigo 22 § 2, consultados, se for o caso, os bispos das regiões limítrofes da mesma língua, decidir acerca do uso e extensão da língua vernácula. Tais decisões deverão ser aprovadas ou confirmadas pela Sé Apostólica.

§ 4. A tradução do texto latino para o vernáculo a ser usado na Liturgia deve ser aprovada pela competente autoridade eclesiástica territorial, acima mencionada.

Conforme o § 3, cabe à competente autoridade eclesiástica territorial estabelecer as normas sobre o uso da língua vernácula e a extensão do seu emprego, sendo que as Atas deverão ser aprovadas pela Santa Sé. Convém que também seja consultada a opinião dos bispos das regiões vizinhas da mesma língua.

Finalmente, o § 4 prescreve que a tradução do texto latino para o vernáculo a ser usado na Liturgia deve ser aprovada pela competente autoridade eclesiástica territorial, conforme foi visto antes.

No *motu proprio "Sacram Liturgiam"*, de 25 de janeiro de 1964, item IX, abre-se o uso da língua vernácula para o Ofício Divino. A Instrução *"Tres abhinc annos"*, de 29 de junho de 1967, n. 28, determinada que o vernáculo pode ser usado também: (a) no cânon da Missa; (b) em todo o rito das ordenações sagradas; (c) nas leituras do Ofício Divino, inclusive para a celebração coral. Tal ampliação além do art. 36 da SC fundamenta-se no art. 54 da mesma SC, onde se diz que "nas Missas celebradas com o povo, pode-se dar lugar conveniente às línguas vernáculas". Na Instrução Geral sobre o Missal Romano, Paulo VI teve que defender e

d) Normas para a adaptação à índole e tradições dos povos

37. A Igreja não deseja impor na Liturgia uma rígida uniformidade para aquelas coisas que não dizem respeito à fé ou ao bem de toda a comunidade; mas respeita e procura desenvolver as qualidades e dotes de espírito das várias raças e povos. A Igreja considera com

---

justificar tal ampliação do uso da língua vernácula: "O Concílio Vaticano II, reunido para adaptar a Igreja às necessidades de seu múnus apostólico nos nossos dias, examinou em profundidade, como o Concílio de Trento, o aspecto catequético e pastoral da Sagrada Liturgia. E, como nenhum católico negue a legitimidade e a eficiência de um rito sagrado realizado em língua latina, ele pode reconhecer que 'não raro o uso da língua vernácula seria muito útil para o povo' e conceder a licença para usá-la. O ardente entusiasmo com que esta deliberação foi acolhida por toda parte fez com que logo, sob a direção dos bispos e da própria Sé Apostólica, todas as celebrações litúrgicas participadas pelo povo pudessem realizar-se em língua vernácula, para que mais plenamente se compreendesse o mistério celebrado" (Proêmio de 1970, n. 12; IGMR, de 2000, n. 12).

D) Normas para conseguir a adaptação à mentalidade e às tradições dos povos. 37. Adaptação da Liturgia à mentalidade dos povos: A história da origem e evolução dos ritos da Liturgia cristã mostra como a Obra da Salvação é acolhida e celebrada através da história pelos diversos povos em suas culturas, através do surgimento dos diversos Ritos no Oriente e no Ocidente. Uma coisa é a parte fixa, inalterável, da Sagrada Liturgia e outra é sua expressão significativa ou sua linguagem. A partir da compreensão teológica da Liturgia compreendemos como a celebração do Mistério Pascal foi-se encarnando aos poucos nas culturas dos diversos povos, onde a mensagem do Evangelho foi

benevolência tudo o que nos seus costumes não está indissoluvelmente ligado à superstição e ao erro, e, quando possível, o conserva inalterado, e por vezes até admite-o na própria Liturgia, conquanto esteja de acordo com as normas do verdadeiro e autêntico espírito litúrgico.

---

chegando. No início, os cristãos provindos do mundo judaico continuaram a celebrar nas estruturas e expressões religiosas do Povo de Israel, dando, porém, novo conteúdo ao seu culto, agora em espírito e verdade, por Cristo e em Cristo. Aos poucos, os cristãos foram comemorando os mistérios de Cristo com elementos da cultura helenista, adotando até a língua grega. Foi nesta língua que surgiram os diversos textos litúrgicos no Ocidente e no Oriente. No Oriente cada povo foi adotando aos poucos sua própria língua.

Depois tivemos a passagem para o Império Romano, que dominava praticamente toda a Europa e o Oriente Médio. No Ocidente adota-se o latim. Com a evangelização dos povos gauleses e germânicos, a expressão latina da Liturgia encontra-se com as culturas desses povos. Depois, realiza-se uma síntese entre a expressão litúrgica latino-romana e as expressões gaulesas, germânicas e ibéricas. Finalmente se fixa a expressão litúrgica em todo o Ocidente, fixidez que se firmou no Concílio de Trento e permaneceu até o Concílio Vaticano II.

Ora, o número 37 da *Sacrosanctum Concilium* aborda a questão da adaptação da Liturgia à mentalidade ou à índole dos diversos povos, conforme as diversas culturas. Apresenta o que se entende por adaptação da Liturgia. No período do Concílio ainda não se usava o termo "inculturação", mas fala-se de adaptação. Afirma-se, primeiramente, que a Igreja não deseja impor uma forma rígida e uniforme na celebração litúrgica. Tal maleabilidade vale para aquelas coisas que não dizem respeito à fé ou ao bem de toda a comunidade. A Igreja deseja cultivar e desenvolver as

38. Salva a unidade substancial do rito romano, dê-se lugar às legítimas variações e adaptações aos vários grupos étnicos, regiões e povos, sobretudo nas

---

conquistas e os dotes de espírito das várias nações e povos que não estejam ligados, indissoluvelmente, a superstições e erros.

Teoricamente, supera-se a uniformidade da expressão litúrgica firmada na reforma do Concílio de Trento. Uma coisa é a teoria e outra é a prática. Até hoje se discute na Igreja a problemática da inculturação e da adaptação da Sagrada Liturgia aos diversos povos, regiões e culturas. Basta pensar na Instrução *Varietates legitimae*, publicada pela Congregação para o Culto Divino e a Disciplina dos Sacramentos, em 1994.

38. Adaptação segundo as necessidades dos lugares: Nos números 38 a 40 a *Sacrosanctum Concilium* apresenta três níveis de adaptação da Sagrada Liturgia: (1) a adaptação segundo as necessidades dos lugares e de grupos, e adaptações trazendo elementos das diversas culturas para dentro do rito romano, processo que se pode chamar de aculturação e adaptações mais profundas em terras missionárias ou de primeira evangelização, que podem implicar a criação de novos ritos, sempre salvaguardada a unidade substancial do rito romano.

O número 38 fala de variações e (2) adaptações para os diversos grupos. Neste caso não haveria variações nos ritos, mas se trataria da arte de celebrar adaptada aos diversos grupos e mesmo às diversas culturas. Seria celebrar segundo o rito romano com criatividade responsável, sem arbitrariedades. Por exemplo, celebrar do "jeito brasileiro" de ser e de agir.

Em seguida, fala-se de (3) adaptações às diversas regiões e povos, principalmente nas missões. Seria a aculturação. Neste caso, introduzem-se elementos das diversas culturas no rito romano. O rito romano assume expressões rituais das diversas culturas, integrando-as no próprio rito e sendo modificado por elas.

missões, também quando forem reformados os livros litúrgicos e tenha-se isto em conta na organização das rubricas e na estrutura dos ritos.

39. Cabe à competente autoridade eclesiástica territorial de que fala o art. 22 § 2 determinar as várias adaptações a fazer, especialmente no que se refere à administração dos sacramentos, aos sacramentais, às procissões, à língua litúrgica, à música sacra e às artes, dentro dos limites fixados nas edições típicas dos livros litúrgicos e sempre segundo as normas fundamentais desta Constituição.

O problema que surge neste número é saber o que significa "a unidade substancial do rito romano". Seria o esquema das celebrações, o roteiro do rito? Seria a conservação de uma eucologia comum? Até hoje isso não foi bem esclarecido.

39. Limites da adaptação: Os Padres conciliares pedem que as edições típicas dos livros litúrgicos estabeleçam os limites das adaptações a serem realizadas pela competente autoridade territorial eclesiástica, principalmente no que se refere à administração dos sacramentos, sacramentais, procissões, língua litúrgica, música sacra e artes, sempre de acordo com as normas fundamentais exaradas nesta Constituição.

Aqui aparece ainda uma compreensão "sacramentalista" da Liturgia; fala-se de administração dos sacramentos e sacramentais e não de celebração dos mistérios de Cristo. Neste artigo são contemplados os dois primeiros níveis de adaptação. Realmente, as Introduções Gerais dos diversos Rituais indicam as variações e adaptações que podem ser feitas pelo próprio sacerdote celebrante e quais as modificações que podem ser introduzidas nos ritos pelas Conferências dos Bispos com aprovação da Sé Apostólica.

Como proceder à adaptação litúrgica na diocese e na paróquia

40. Mas, em alguns lugares e circunstâncias especiais, é urgente uma adaptação mais profunda da Liturgia, o que implica por isso mesmo maiores dificuldades. Portanto:

1) A competente autoridade eclesiástica territorial, a que se refere o art. 22 § 2, considere, com muita prudência e atenção, o que, neste aspecto, poderá oportunamente ser aceito no culto divino das tradições e índole de cada povo. Proponham-se à Sé Apostólica as adaptações julgadas úteis ou necessárias, para serem introduzidas com seu consentimento.

---

40. Adaptações mais profundas: Toda adaptação é uma forma de inculturação; é celebrar de forma adaptada à índole dos diversos grupos, regiões e povos. O número 40 apresenta os vários critérios para os casos de uma adaptação mais profunda da Liturgia onde isso for necessidade urgente. Será logicamente tarefa mais difícil. O processo deve seguir um roteiro bem determinado: (1) A competente autoridade territorial eclesiástica deve considerar acurada e prudentemente o que, nesse particular, das tradições e da índole de cada povo se pode, oportunamente, admitir no culto divino. As adaptações que parecerem úteis ou necessárias sejam propostas à Sé Apostólica, para serem introduzidas com seu consentimento. (2) À mesma autoridade territorial eclesiástica – hoje seriam as Conferências dos Bispos – pode ser dada a faculdade de promover experiências prévias com grupos determinados e bem orientadas por pessoas competentes. (3) Como, particularmente, nas missões as leis litúrgicas costumam trazer especiais dificuldades quanto à adaptação, haja, para sua formulação, homens peritos na matéria em questão.

2) Para fazer a adaptação com a devida cautela, a Sé Apostólica poderá dar, se for necessário, à mesma autoridade eclesiástica territorial a faculdade de permitir e dirigir as experiências prévias que forem precisas, com grupos aptos para isso e por tempo determinado.

3) Como as leis litúrgicas, sobretudo nas missões, costumam trazer dificuldades especiais, quanto à adaptação, ao elaborá-las, recorra-se a pessoas competentes nesta matéria.

Para todo o processo de adaptação em geral e de adaptações mais profundas da Liturgia aos diversos povos e culturas, a Congregação do Culto Divino e a Disciplina dos Sacramentos publicou em 25 de janeiro de 1994 a *Quarta Instrução para uma correta aplicação da Constituição Conciliar sobre a Liturgia*, chamada *Varietates legitimae* sobre *A Liturgia Romana e a Inculturação*. As orientações da *Varietates legitimae* para Adaptações que competem aos bispos e às suas conferências em relação ao Sacrossanto Mistério da Eucaristia foram inseridas como Capítulo IX na Instrução Geral da 3ª edição típica do Missal Romano.

Esperava-se muito desta Instrução. Ela insiste, no entanto, por demais no Rito Romano e impede, na prática, o surgimento de novos ritos, como se depreende do que se segue: "Finalmente, a busca da inculturação não leva, de modo algum, à criação de novas famílias rituais, mas, ao tentar dar resposta às necessidades de determinada cultura, leva a adaptações que continuam a fazer parte do Rito Romano" (n. 36).

O Papa João Paulo II chegou a declarar aos Bispos do Regional Nordeste 3 da CNBB em visita *ad limina* que no Brasil não há lugar para um rito afro-brasileiro, visto que os afro-brasileiros foram evangelizados a partir do Rito Romano. Fala, no entanto, sobre a necessidade de "enraizar a Liturgia romana nas culturas

IV. Incremento da vida litúrgica na diocese e na paróquia

41. O bispo deve ser considerado como o sumo sacerdote de seu rebanho, em quem tem origem e de quem depende, de algum modo, a vida dos fiéis em Cristo.

Por isso, todos devem dar a maior importância à vida litúrgica da diocese que gravita em torno do bispo, sobretudo na igreja catedral: convencidos de que a principal manifestação da Igreja se faz numa participação perfeita e ativa de todo o povo santo de Deus

---

do Brasil". Tratar-se-ia da busca de formas expressivas a serem harmonizadas com o Rito Romano e no âmbito do seu gênio peculiar.

O que nos resta neste campo? Quem sabe, um rito para certas nações indígenas e, ainda assim, dele se deverá garantir "a substancial unidade do Rito Romano". Não é fácil trabalhar em tal processo de inculturação da Liturgia! Entre nós este processo de adaptação inculturada foi apenas iniciado. Temos, pois, um logo caminho a percorrer. Se o processo de adaptação inculturada já é complicadíssimo, o que pensar então de um rito inculturado? Importa, no entanto, continuar trabalhando em favor de uma Liturgia adaptada à índole do povo.

IV. O desenvolvimento da vida litúrgica na diocese e na paróquia. 41. A vida litúrgica na diocese: Temos aqui dois artigos que falam da Sagrada Liturgia como cume e fonte da vida da Igreja local. Na diocese, sob a presidência do bispo e, na paróquia, sob a presidência do pároco como delegado do seu bispo.

O número 41 realça a função do bispo na vida litúrgica. Toda a vida litúrgica é animada pelo bispo diocesano. Por isso, a necessidade de cultivar a Liturgia presidida pelo bispo como o sumo sacerdote de sua grei, do qual, de algum modo, deriva e depende

na mesma celebração litúrgica, especialmente na mesma Eucaristia, numa única oração, num só altar a que preside o bispo rodeado pelo seu presbitério e pelos seus ministros.[28]

42. Visto que nem sempre e em todos os lugares o bispo, em sua Igreja, pode presidir pessoalmente a todo o seu rebanho, deve necessariamente constituir assembleias de fiéis, entre as quais sobressaem as paróquias, confiadas a um pastor local, que as governa, fazendo as vezes do bispo. As paróquias representam, de algum modo, a Igreja visível espalhada por todo o mundo.

---

[28] Cf. S. Inácio de Antioquia, Ad Magn. 7; Ad Phil. 4; Ad Smyrn. 8.

---

a vida de seus fiéis em Cristo. Mostra a importância de promover, particularmente, na catedral junto com o bispo a vida litúrgica da diocese. Ali se verifica a principal manifestação da Igreja que se manifesta na plena e ativa participação de todo o povo santo de Deus, nas mesmas celebrações litúrgicas, sobretudo na mesma Eucaristia, numa única oração, junto a um só altar, presidida pelo bispo, cercado de seu presbitério e ministros.

42. A vida litúrgica na paróquia: O número 42 fala da importância da vida litúrgica em expressões menores da Igreja dentro da diocese, sobretudo das paróquias, confiadas pelo bispo a um pastor local, que as governe, fazendo as vezes do bispo. De algum modo, estes grupos representam a Igreja visível espalhada por toda a terra. Daí o cultivo intenso da vida litúrgica nas paróquias em comunhão com o bispo. Tanto os fiéis como o clero devem ser conscientizados sobre a importância da vida litúrgica nas paróquias. Que haja um comum esforço para que floresça o espírito de comunidade paroquial, mormente na celebração comunitária da Missa dominical.

Por isso, a vida litúrgica da paróquia e sua relação com o bispo devem ser cultivadas no espírito e no modo de agir dos fiéis e do clero, e é preciso fazer com que floresça o sentido da comunidade paroquial, especialmente na celebração comunitária da Missa dominical.

V. Incremento da ação pastoral litúrgica

43. A preocupação pelo incremento e renovação da Liturgia é justamente considerada como um sinal dos desígnios providenciais de Deus sobre o nosso tempo, como uma passagem do Espírito Santo pela sua Igreja; ele

---

V. Como promover a ação pastoral litúrgica. 43. Preâmbulo: O artigo 43 constitui um pequeno preâmbulo sobre a necessidade de instaurar uma verdadeira pastoral litúrgica para alcançar o grande objetivo da reforma da Liturgia na Igreja. A iniciativa do Concílio de fomentar e reformar a Sagrada Liturgia é vista como um sinal da Providência, uma espécie de Pentecostes, que veio animar a vida da Igreja nos tempos atuais. Realmente, todo esse processo marcou profundamente o modo de ser e de agir da Igreja do nosso tempo.

O Concílio de Trento já aconselhava uma catequese litúrgica sobre a Missa com pequenas intervenções explicativas durante as celebrações. Mas só a partir do Movimento litúrgico é que surgiu a preocupação com uma formação litúrgica mais profunda tanto do clero e dos religiosos como dos fiéis em geral. Aquilo que foi preocupação de um grupo, de um movimento na Igreja, foi assumido pelo Concílio como uma pastoral de toda a Igreja e de todas as Igrejas. Trata-se de uma ação pastoral litúrgica organizada dentro do conjunto de toda a ação pastoral da Igreja. Para favorecer esta ação pastoral litúrgica o Concílio propõe algumas linhas de ação.

imprime uma nota distintiva à sua vida, e mais, a todo o modo religioso de sentir e de agir do nosso tempo.

Pelo que, para desenvolver cada vez mais na Igreja essa ação pastoral litúrgica, o sagrado Concílio determina:

Comissão litúrgica nacional

44. Convém que a autoridade eclesiástica territorial competente, a que se refere o art. 22 § 2, institua uma Comissão Litúrgica, a ser assistida por especialistas em Liturgia, música, arte sacra e pastoral. A Comissão deverá contar, se possível, com o auxílio de um Instituto de Liturgia Pastoral, de cujos membros não se excluirão, se for necessário, leigos particularmente competentes. Pertencerá a essa Comissão, sob a autoridade eclesiástica territorial, acima mencionada, orientar, no território de sua competência, tanto a ação pastoral litúrgica, como promover os estudos e as experiências necessárias sempre que se trate de adaptações a serem propostas à Sé Apostólica.

---

44. Comissões Litúrgicas Nacionais: A primeira entre as providências para a animação da pastoral litúrgica são as Comissões Litúrgicas Nacionais. No Brasil, desde antes do início do Concílio, já existia o Secretariado Nacional de Liturgia. Terminado o Concílio, a Igreja no Brasil organizou imediatamente o Secretariado com a acolhida de homens peritos em ciência litúrgica, música sacra e pastoral. Este Secretariado foi o responsável pelas traduções dos textos litúrgicos e por inúmeras iniciativas no campo da Pastoral litúrgica. Promoveu cursos de formação litúrgica através do ISPAL (Instituto Superior de Pastoral Litúrgica), que funcionou em várias regiões do Brasil. Pena que tais cursos tiveram seu fim.

Comissão litúrgica diocesana

45. Pela mesma razão, haja, em cada diocese, a Comissão de Liturgia sacra, para promover a ação litúrgica, sob a orientação do bispo.

Houve várias tentativas de fundar um Instituto Litúrgico, bem como Cursos Superiores de Liturgia. No fim da década de 1980, conseguiu-se um Curso de Pós-Graduação em Liturgia na Faculdade de Teologia de Nossa Senhora da Assunção, em São Paulo. Junto a esta Faculdade surgiu um Centro de Liturgia que promove Cursos, Congressos e já realizou 24 Semanas Nacionais de Liturgia. Hoje se chama Centro de Liturgia Dom Clemente Isnard e funciona no Centro Universitário Salesiano, de São Paulo, SP. Funciona também um Grupo de Reflexão sobre questões de Liturgia, ligado à CNBB, que assessora a agora chamada Comissão Pastoral de Liturgia da CNBB. Por vários anos a CNBB promoveu Encontros Nacionais de Liturgistas, iniciativa que depois se transformou na ASLI (Associação dos Liturgistas do Brasil).

Toda a ação pastoral litúrgica em nível nacional concentrou-se na Linha 4, de Liturgia, dentro da Pastoral de Conjunto. Ela tentou animar também o Setor de Arte Sacra e da Música Sacra. O Setor de animação da Música Sacra sempre funcionou junto à CNBB em plano nacional. Não aconteceu o mesmo com a arte sacra.

Na reformulação da CNBB, tendo agora as diversas Comissões Episcopais Pastorais, a Comissão Episcopal Pastoral para a Liturgia agrupa os setores da Animação da Liturgia em geral, o setor "Música e Canto Pastoral" e o setor "Espaço Litúrgico".

45. Comissões litúrgicas diocesanas: O documento conciliar propõe que haja também uma Comissão de Sagrada Liturgia em cada diocese, ou Comissão Diocesana de Liturgia sob a orientação do bispo. Pode ser conveniente que uma só Comissão sirva a várias dioceses. De certa maneira temos esta organização, ligada às

Poderá, às vezes, ser oportuno que várias dioceses formem uma só Comissão para promover em conjunto a ação litúrgica.

Outras Comissões

46. Além da Comissão de Liturgia Sacra, instituam-se em cada diocese, se possível, também Comissões de música sacra e de arte sacra.

É necessário que estas Comissões trabalhem em conjunto, e não raramente será oportuno que se unam numa só Comissão.

Várias Regiões da CNBB. Tal Comissão Regional, em si, não exclui as Comissões Diocesanas. O grande desafio está em chegar com esta organização até as paróquias e as comunidades de fé. Outras pastorais demoraram menos tempo para serem implantadas. A Pastoral Litúrgica não pode caminhar à margem das diversas pastorais, mas deve estar profundamente integrada nas demais.

46. Comissões de Música Sacra e de Arte Sacra: Além dessa Comissão de Liturgia, haja, na medida do possível, em cada diocese também Comissões de Música Sacra e de Arte Sacra. Estas três Comissões devem trabalhar em conjunto e podem até fundir-se numa só comissão. A meu ver, realmente não convém multiplicar as Comissões, contanto que haja, entre os membros que a compõem, peritos nas várias áreas. Creio que ainda falta fazer funcionar a Comissão da Sagrada Liturgia em muitas dioceses, de tal modo que assuma a animação litúrgica nas paróquias da diocese. Esta Comissão não pode ser muito numerosa.

Capítulo II
O Mistério eucarístico

A Missa e o Mistério Pascal

47. O nosso Salvador instituiu na última Ceia, na noite em que foi entregue, o sacrifício eucarístico do seu corpo e do seu sangue para perpetuar no decorrer dos séculos, até ele voltar, o sacrifício da cruz, e para confiar assim à Igreja, sua esposa amada, o memorial da sua morte e ressurreição: sacramento de piedade, sinal de unidade, vínculo de caridade,[1] banquete pascal "em que se recebe Cristo, a alma se enche de graça e nos é dado o penhor da glória futura".[2]

---

[1] Cf. S. Agostinho, In Jo. Evangelium Tract. XXVI, cap. VI, n. 13.

[2] Breviário Romano, festa do Corpo de Deus, 2ªs. vésperas, Ant. do Magnificat.

CAPÍTULO II – O SACROSSANTO MISTÉRIO DA EUCARISTIA. Após ter tratado dos princípios gerais da reforma e do incremento da Liturgia a partir de sua natureza e importância no conjunto da missão da Igreja no Capítulo I, os Padres passam a tratar da reforma das diversas expressões específicas da Sagrada Liturgia.

O Capítulo II (arts. 47 a 58) é inteiramente dedicado ao Sacrossanto Mistério da Eucaristia. É digno de consideração que o Concílio não chama o Mistério eucarístico de Missa, mas de *Sacrossanto Mistério da Eucaristia*. Nos três primeiros números

Participação ativa dos fiéis na Missa

48. Por isso, a Igreja procura, solícita e cuidadosa, que os cristãos não assistam a este mistério de fé como estranhos ou expectadores mudos, mas participem na ação sagrada, consciente, piedosa e ativamente, por

---

(nn. 47-49) colocam-se os fundamentos da natureza do Sacramento da Eucaristia e os motivos que levam à reforma da Liturgia eucarística. Seguem-se (nn. 50-58) as propostas concretas para a reforma do rito de sua celebração.

47. A natureza do Sacrossanto Mistério da Eucaristia: Os números 47 a 49 servem de proêmio para fundamentar e motivar a reforma do rito da Missa.

O Mistério da Eucaristia é apresentado na perspectiva de memorial do Mistério Pascal, como sacrifício de ação de graças, memorial do sacrifício da Cruz e como Ceia do Senhor. Em outras palavras, como Sacrifício de ação de graças em forma de Banquete pascal.

48. Participação frutuosa da Eucaristia: O Sacrossanto Mistério da Eucaristia constitui o tesouro mais precioso que o Senhor Jesus deixou à sua Igreja. É compreendido como "sacramento de piedade, sinal de unidade, vínculo de caridade, banquete pascal em que se recebe Cristo, a alma se enche de graça e nos é dado o penhor da glória futura". Sendo assim, "a Igreja procura, solícita e cuidadosa, que os cristãos não assistam a este mistério de fé como estranhos ou expectadores mudos. Ela cuida para que "participem na ação sagrada, consciente, piedosa e ativamente, por meio de uma boa compreensão dos ritos e orações; sejam instruídos na Palavra de Deus; alimentem-se na mesa do corpo do Senhor; deem graças a Deus". Além disso, a Igreja cuida que os fiéis aprendam a oferecer-se a si mesmos com Cristo ao Pai, que vivam unânimes no amor, de tal modo que toda a sua vida se

meio de uma boa compreensão dos ritos e orações; sejam instruídos na Palavra de Deus; alimentem-se na mesa do corpo do Senhor; deem graças a Deus; aprendam a oferecer-se a si mesmos, ao oferecer juntamente com o sacerdote, não só pelas mãos dele, a hóstia imaculada; que dia após dia, por meio de Cristo mediador, progridam na união com Deus e entre si,[3] para que finalmente Deus seja tudo em todos.

49. Portanto, a fim de que o sacrifício da Missa alcance plena eficácia pastoral, mesmo quanto à forma dos ritos, o sagrado Concílio, tendo em atenção as Missas que se celebram com a assistência do povo, sobretudo no domingo e nas festas de preceito, determina o seguinte.

Revisão do Ritual da Missa

50. O Ritual da Missa seja revisto, de modo que apareça mais claramente a natureza específica de cada uma

---

[3] Cf. S. Cirilo Alex., Commentarium in Joannis Evangelium, lib., XI, cap. XI-XII.

---

transforme numa grande oferta a Deus. E assim, unidos com Deus e entre si, Deus será tudo em todos. Trata-se, portanto, não só de celebrar o Mistério Pascal, mas de vivê-lo no dia a dia.

49. Necessidade de reforma: Para que o sacrifício da Missa alcance plena eficácia pastoral, também quanto à forma das cerimônias, o Sacrossanto Concílio determina uma série de reformas no rito da Missa celebrada com a frequência do povo, indicadas nos números que se seguem.

50. Reforma do Ordinário da Missa: Trata-se da reforma do Ordinário da Missa, chamado *Ordo Missae*, em latim.

de suas partes, bem como a sua mútua conexão, para facilitar uma participação piedosa e ativa dos fiéis.

Por isso, os ritos, embora respeitada a sua estrutura essencial, sejam tornados mais simples; sejam omitidos todos os elementos que, com o passar dos séculos, se duplicaram ou, menos utilmente, se acrescentaram; restaurem-se, porém, se parecer oportuno ou necessário e segundo a antiga tradição dos Padres, alguns ritos que injustamente se perderam.

Falando-se em Ordo ou Ordinário da Missa, pensa-se no esquema geral da Missa, suas partes fixas que ocorrem sempre na celebração. Especificando: os ritos de Entrada, a Liturgia da Palavra, a Liturgia Eucarística com suas três partes essenciais, ou seja, os ritos de apresentação das oferendas ou preparação do altar, o rito de ação de graças consecratória e o rito de comunhão, terminando com os ritos finais.

Depois do Concílio de Trento, que fixou o rito da Missa, passou a ser difícil mexer no Ordinário ou no Esquema do rito da Missa. Por isso, os Padres apresentaram uma longa declaração ao número 50. Sem entrar em todas as questões abordadas pelos Padres conciliares, convém lembrar a parte introdutória da declaração: "O atual Ordo da Missa, que cresceu no decurso dos séculos, seja mantido. Algumas coisas, contudo, aqui e acolá, parece deverem ser revistas e em parte emendadas, por força dos estudos que principalmente em nossa época foram levados a efeito acerca ou da origem ou do desenvolvimento de cada cerimônia da Missa. Faça-se assim que se ponha em luz mais clara a natureza e a significação de cada uma das partes, como também se torne mais fácil e mais consentânea a participação ativa dos fiéis. Mais claramente, por exemplo, podem ser distintas duas partes da Missa, a Liturgia da Palavra e a Liturgia Eucarística".

Maior riqueza bíblica na Missa

51. Para que a mesa da Palavra de Deus seja preparada, com a maior abundância, para os fiéis, abram-se largamente os tesouros da Bíblia, de modo que, dentro de certo número de anos, sejam lidas ao povo as partes mais importantes da Sagrada Escritura.

Assim, os Padres determinam que "O Ritual da Missa [Ordo da Missa] seja revisto, de modo que apareça mais claramente a natureza específica de cada uma de suas partes, bem como a sua mútua conexão, para facilitar uma participação piedosa e ativa dos fiéis". Pede-se que as cerimônias sejam simplificadas, omita-se tudo o que foi duplicado no decurso dos tempos ou foi acrescentado sem verdadeira utilidade. Além disso, resgatem-se certos elementos que foram perdidos no decorrer da história. Lembro aqui as preces universais, a homilia como parte da celebração, todas as Missas abertas para a participação na santa comunhão.

51. Abundância da Palavra de Deus na Missa: Depois da reforma do Ordinário da Missa, o documento conciliar mostra a necessidade de a Igreja na Sagrada Liturgia enriquecer para os fiéis a mesa da Palavra de Deus. Por isso, os tesouros bíblicos sejam largamente abertos.

Sabemos que desde os inícios da Igreja se liam as Escrituras na celebração dos sacramentos. Pede-se agora que num certo ciclo de tempo se leiam ao povo as partes mais importantes da Sagrada Escritura.

Estes decretos do Concílio a respeito da leitura mais abundante da Palavra de Deus foram realizados com presteza. Preparou-se o OLM (*Ordo Lectionum Missae*), publicado junto com o Missal Romano, agora em livro distinto chamado Lecionário. O ciclo de tempo para a leitura das partes mais importantes da Sagrada Escritura ao povo foi estabelecido em três anos na Liturgia

A homilia

52. Recomenda-se vivamente a homilia, como parte da própria Liturgia; nela, no decurso do ano litúrgico, são apresentados, do texto sagrado, os mistérios da fé e as normas da vida cristã. Nas Missas dominicais, porém, e nas festas de preceito, concorridas pelo povo, não se omita a homilia, a não ser por motivo grave.

A "oração dos fiéis"

53. Restaure-se, especialmente nos domingos e festas de preceito, a "oração comum" ou "oração dos fiéis",

---

dominical e das solenidades, e o ciclo de dois anos para a leitura nos dias de semana, sendo que nos dias de semana durante o ano se leem os quatro evangelhos: Marcos, Lucas, Mateus e João (este último é lido no tempo quaresmal e pascal).

52. Homilia: Recomenda-se vivamente a homilia como parte da própria Liturgia. A homilia distingue-se do sermão tradicional. Em poucas palavras, o sermão é temático, ao passo que a homilia deixa a Palavra de Deus lida e ouvida falar. Ela é memorial dos mistérios celebrados, contemplativa, orante, testemunho da fé. Tem em vista sempre a Palavra de Deus proclamada, o mistério celebrado e a assembleia ouvinte. A homilia é caracterizada como um rito memorial; tem caráter sacramental como todo rito litúrgico. Ela como que recolhe os motivos de ação de graças e dispõe os fiéis para a ação sacrifical, introduzindo na atitude do Cristo, Corpo dado e Sangue derramado. O Concílio pede que a homilia não seja facilmente omitida, sobretudo nas Missas dominicais e nos dias de guarda.

53. Oração comum ou dos fiéis: A oração comum ou dos fiéis, chamada também oração universal, como elemento da Liturgia da Palavra, praticamente se tinha perdido no rito da Missa recitada após o Evangelho e a homilia, para que, com a participação do povo, se façam preces pela santa Igreja, pelos que nos governam, por aqueles a quem a necessidade oprime, por todos os homens e pela salvação de todo o mundo.[4]

---

[4] Cf. 1Tm 2,1-2.

---

da Liturgia do Rito Romano. Um resquício tinha sobrado nas palavras que o sacerdote pronunciava após a leitura do Evangelho ao beijar o seu início no Missal: "Que pelas palavras do Evangelho nos sejam perdoados os pecados". As preces universais e solenes tinham permanecido apenas na celebração da Morte do Senhor na Sexta-feira Santa.

O Concílio pede que se restaure a "oração comum" ou "dos fiéis" depois do Evangelho e da Homilia, principalmente nos domingos e festas de preceito. Elas querem ser preces universais, ou seja, pela Santa Igreja, pelos governantes, pelos que sofrem necessidades várias, por todos os homens e pelo bem-estar de todo o mundo.

As preces dos fiéis, como um elemento de resposta à Palavra de Deus anunciada, distinguem-se das preces de intercessão no interior da Oração Eucarística. Nas preces, como resposta à Palavra de Deus, a Igreja pede que todos, mas particularmente as pessoas necessitadas, possam dar uma resposta conveniente à mensagem ouvida pela comunidade reunida. Nas preces de intercessão o enfoque é diferente. Depois de a Igreja ter recordado os benefícios de Deus à humanidade através da história, pede que Deus renove suas maravilhas, manifestando seu poder e bondade, renovando os benefícios em favor de toda a humanidade, mas particularmente em favor dos mais responsáveis pela formação do Corpo Místico de Cristo, a Igreja.

As preces, como a homilia, devem inspirar-se na mensagem da Palavra de Deus, no mistério celebrado que iluminam as diversas necessidades da Igreja e do mundo.

Latim e língua vernácula na Missa

54. Nas Missas celebradas com o povo, pode-se dar lugar conveniente às línguas vernáculas, sobretudo nas leituras e na "oração comum" e, segundo as diversas circunstâncias dos lugares, também nas partes que pertencem ao povo, conforme o estabelecido no art. 36 desta Constituição. Tomem-se providências para que os fiéis possam rezar ou cantar juntos, mesmo em latim, as partes do Ordinário que lhes competem.

---

54. Língua vernácula na Missa: Claro que não tinha sentido abrir o tesouro das Sagradas Escrituras aos fiéis se ela continuasse a ser lida em língua desconhecida, o latim. Antes do Concílio a língua vernácula não era permitida nem para a leitura da Palavra de Deus. Com o Movimento Litúrgico começou-se a fazer uma dublagem da Palavra de Deus proclamada em latim pelo padre ou o diácono ou subdiácono. Havia duas modalidades. Creio que a mais antiga consistia em o sacerdote, depois de ler em silêncio as leituras, subir ao púlpito para a pregação. Levava consigo um pequeno Missal dos fiéis e lia em vernáculo a Epístola e o Evangelho ou uma das leituras. Em seguida fazia a pregação. Outra modalidade era a seguinte: Enquanto o sacerdote lia (rezava) a epístola e o Evangelho, um leitor entre os fiéis fazia a leitura da epístola e do Evangelho em língua vernácula.

No documento conciliar a abertura para a língua vernácula na Missa ainda é tímida. Alerta para que os fiéis consigam dialogar com o sacerdote as partes do Ordinário da Missa e os cantos do Comum, como o Senhor, o Glória, o Creio, o Santo e o Cordeiro de Deus. Por outro lado, abre-se uma porta para um uso maior da língua vernácula onde parecer oportuno.

Se em algum lugar parecer oportuno um uso mais amplo do vernáculo na Missa, observe-se o que está prescrito no art. 40 desta Constituição.

Comunhão sob as duas espécies

55. Recomenda-se muito vivamente aquela mais perfeita participação na Missa, pela qual os fiéis, depois da comunhão do sacerdote, recebem do mesmo sacrifício o corpo do Senhor.

A comunhão sob as duas espécies, firmes os princípios dogmáticos estabelecidos pelo Concílio de Trento,[5] pode ser permitida, quer aos clérigos e religiosos, quer aos leigos, nos casos a serem determinados pela Santa Sé e a critério do bispo, como aos

---

[5] Sessão XXI, 16 de julho de 1562. "Doutrina sobre a Comunhão sob as duas espécies e das crianças", cap. 1-3; Concilium Tridentinum, Ed. Soc. Goerresiana, t. VIII, pp. 698-699.

---

55. Participação plena pela sagrada comunhão, e a comunhão sob as duas espécies: Hoje, depois de cinquenta anos da *Sacrosanctum Concilium,* nos parece muito estranho que o Concílio tenha insistido na participação mais perfeita da Missa "pela qual os fiéis, depois da comunhão do sacerdote, recebem do mesmo sacrifício o corpo do Senhor". Realmente, ainda vivi o tempo em que não se dava a comunhão aos fiéis na Missa principal do domingo. Quem quisesse comungar na Missa cantada ou solene tinha que se apresentar antes ou depois da Missa. De fato, tinha-se criado uma profunda dicotomia entre a Missa como atualização do Sacrifício da Cruz e a Missa como Ceia do Senhor. A obrigação da Missa dominical não atingia a participação da sagrada comunhão, que era exigida uma vez por ano pela Páscoa da Ressurreição, a partir do IV Concílio Ecumênico do Latrão (1215).

neossacerdotes na Missa de sua ordenação, aos professos na Missa de sua profissão religiosa, aos neófitos na Missa que se segue ao Batismo.

Unidade da Missa

56. As duas partes de que se compõe de certa forma a Missa, isto é, a Liturgia da palavra e a Liturgia eucarística, estão tão estreitamente unidas, que formam um só ato de culto. Por isso, o sagrado Concílio exorta com veemência os pastores de almas a instruírem bem os fiéis, na catequese, para que participem na Missa inteira, especialmente nos domingos e festas de preceito.

Temos aqui o resgate da Eucaristia como Ceia do Senhor, como banquete pascal.

Outro elemento da participação mais perfeita é a comunhão sob duas espécies. A comunhão sob as duas espécies era reservada ao sacerdote celebrante. Existe agora uma abertura para outras situações tanto em favor de clérigos e religiosos como para leigos, a juízo dos bispos. Apresentam-se alguns exemplos: os ordenados, na Missa de sua sagrada ordenação; os professos, na Missa de sua profissão religiosa; os neófitos, na Missa que se segue ao Batismo. De fato, a reforma litúrgica pós-conciliar alargou bastante estas possibilidades. A Constituição alerta, no entanto, que sejam salvaguardados os princípios dogmáticos estabelecidos pelo Concílio Tridentino.

56. A Missa, um só ato de culto: No decorrer da história introduziu-se uma compreensão reducionista da celebração eucarística. A Missa era dividida em Missa dos catecúmenos e Missa dos fiéis, sendo toda a primeira parte considerada Missa dos catecúmenos, mais catequese do que celebração. A Missa dos fiéis ia

A concelebração

57. § 1. A concelebração, com que se manifesta oportunamente a unidade do sacerdócio, tem sido prática constante até o dia de hoje, quer no Oriente quer no Ocidente. Por tal motivo, aprouve ao Concílio estender a faculdade de concelebrar aos seguintes casos:

---

do "ofertório" (apresentação dos dons) até o fim. A obrigação da Missa dominical e dos dias de preceito atingia somente a "Missa dos fiéis".

O Concílio vem ensinar que as duas partes, de que consta de certa forma a Missa, a Liturgia da palavra e a Liturgia eucarística, estão tão estreitamente unidas, que formam um único ato de culto. Temos a Mesa da Palavra e a Mesa do Pão. A Palavra de Deus proclamada na assembleia também já constitui um rito memorial do mistério celebrado; tem caráter sacramental. Por isso, deve-se superar o costume de os fiéis se contentarem com "assistir" a Missa apenas a partir do então chamado "ofertório". A Missa integral compreende toda a celebração desde os ritos iniciais até os ritos de encerramento. Hoje parece inconcebível pensar diversamente, mas o povo ainda precisa ser alertado para não chegar atrasado à celebração.

57. A concelebração eucarística: A ampliação do uso da concelebração eucarística é certamente uma grande novidade introduzida pelo Concílio Vaticano II. O costume de concelebrar a Eucaristia tinha sido praticamente abandonado na Igreja. O Código de Direito Canônico de 1917, cân. 803, ordenava: "A Missa não pode ser concelebrada por vários sacerdotes, a não ser nas Missas de Ordenação de Presbíteros e na Missa de Sagração de Bispos, segundo o Pontifical Romano".

Havia-se perdido quase totalmente a prática da concelebração na Igreja. A Missa não era mais considerada como expressão

1º a) Na Quinta-Feira Santa, tanto para a Missa do Crisma, quanto para a Missa vespertina;

b) Para as Missas nos Concílios, nas reuniões de bispos e nos sínodos;

c) Para a Missa na bênção do Abade.

2º Além disso, com licença do Ordinário, a quem compete julgar da oportunidade da concelebração:

a) Para a Missa conventual e para a Missa principal nas igrejas, quando a utilidade dos fiéis não exigir a celebração individual de todos os sacerdotes presentes;

b) Para as Missas nas reuniões de sacerdotes de qualquer categoria, quer seculares quer religiosos.

---

maior da Igreja, do Povo reunido em assembleia celebrante. O povo tornou-se mero espectador e assistente mudo. O sacerdote não mais celebrava com o Povo de Deus, mas para o Povo de Deus sempre mais a sós, sobretudo, nos mosteiros, nos cabidos catedrais e nos conventos de ordens e congregações religiosas. Cada padre celebrava sua Missa. Em cabidos catedrais e mosteiros, cada padre celebrava, "dizia a Missa", em particular com um acólito em "altares laterais", em geral no mesmo horário em que se celebrava no altar-mor.

Neste ponto da concelebração eucarística os Padres conciliares dão orientações concretas quanto às ocasiões em que se pode concelebrar.

Num primeiro parágrafo se apresentam os motivos que não só justificam mas também aconselham a concelebração: A concelebração manifesta oportunamente a unidade do sacerdócio. Afirma ainda que a concelebração permaneceu até o presente em uso tanto na Igreja Oriental quanto na Ocidental. Por isso, o Concílio

§ 2. 1º Ao bispo compete regular a disciplina da concelebração na diocese.

2º Ressalva-se, contudo, que se mantém sempre a faculdade de qualquer sacerdote celebrar individualmente, mas não simultaneamente na mesma igreja em que se faz a concelebração, nem na Quinta-Feira Santa.

58. Elabore-se o novo rito da concelebração, a ser inserido no Pontifical e no Missal Romano.

---

estende a faculdade de concelebrar em determinados casos que vêm citados. Cabe ao bispo moderar a disciplina da concelebração na diocese. Além disso, garante-se ao sacerdote o direito de não participar da concelebração: "Ressalva-se, contudo, que se mantém sempre a faculdade de qualquer sacerdote celebrar individualmente, mas não simultaneamente na mesma igreja em que se faz a concelebração, nem na Quinta-Feira Santa".

58. O rito da concelebração: O Concílio pediu que se elaborasse o novo rito da concelebração. Isso foi feito na reforma do rito da Missa pela Instrução Geral sobre o Missal Romano. Esta Instrução Geral apresenta ampla regulamentação sobre a Missa concelebrada, bem como o novo rito. Posso testemunhar com alegria que como estudante de Liturgia no Santo Anselmo em Roma tive o privilégio de participar como concelebrante, em 1964, na igreja de Santo Antônio na Via Merulana, da primeira concelebração experimental em vista da elaboração do novo rito da concelebração eucarística. Graças a Deus, hoje a concelebração eucarística tornou-se já habitual.

Capítulo III
Os outros sacramentos e sacramentais

Natureza dos sacramentos

59. Os sacramentos destinam-se à santificação dos homens, para a edificação do corpo de Cristo e, enfim, para prestar culto a Deus; como sinais, destinam-se também à instrução. Não só supõem a fé, mas

---

CAPÍTULO III – OS DEMAIS SACRAMENTOS E OS SACRAMENTAIS. Após ter tratado da reforma do rito da celebração da Eucaristia, os Padres conciliares se ocupam com os demais sacramentos e os sacramentais. Os sacramentos tratados são o Batismo, a Confirmação, a Penitência, a Unção dos Enfermos, a Ordem e o Matrimônio. Entre os chamados sacramentais, celebrações de outros mistérios, estão as bênçãos, a consagração das virgens, a profissão religiosa e renovação dos votos, o rito das Exéquias. Curiosamente não foram consideradas de modo explícito a bênção de abade e de abadessa e a dedicação de igreja e de altar, embora possam ser consideradas entre as bênçãos em geral.

O Capítulo III é introduzido por quatro artigos (59-62) à guisa de proêmio, tratando da natureza e importância dos demais sacramentos e dos sacramentais na vida da Igreja.

59. A natureza dos sacramentos: O Concílio ensina que os sacramentos se destinam à santificação dos homens, à

também a alimentam, fortificam e exprimem por meio de palavras e ritos, razão pela qual se chamam "sacramentos da fé". Conferem a graça, mas a celebração deles dispõe otimamente os fiéis à frutuosa recepção da mesma graça, a honrar a Deus do modo devido e a praticar a caridade.

Por este motivo muito importa que os fiéis compreendam facilmente os sinais sacramentais, recebam com a maior frequência possível os sacramentos que foram instituídos para alimentar a vida cristã.

---

edificação do Corpo de Cristo e ainda ao culto a ser prestado a Deus. Destinam-se também à instrução. Sua recepção e sua celebração supõem a fé, a alimentam, a fortalecem e a exprimem. São sacramentos da fé.

A seguinte afirmação revela uma abordagem um tanto sacramentalista e pouco litúrgica ou celebrativa dos sacramentos: "Conferem a graça, mas a celebração deles dispõe otimamente os fiéis à frutuosa recepção da mesma graça, a honrar a Deus do modo devido e a praticar a caridade". Deixa a impressão de que os ritos celebrativos constituem apenas um instrumento preparatório para a eficácia do sacramento que é administrado. Ainda se pensa demais em administrar e receber os sacramentos, quando se deveria realçar o celebrar e viver os mistérios celebrados.

Realça, porém, a importância de os fiéis compreenderem com facilidade os sinais dos sacramentos, ou seja, a linguagem de sua celebração, os ritos, e assim frequentarem com muito zelo os sacramentos, pois eles constituem alimento da vida cristã. Frequentar no sentido de celebrar significa participar frequentemente, com assiduidade.

Mais adiante, então, se tratará de cada um dos sacramentos sob o ponto de vista da necessidade de reforma dos ritos.

Os sacramentais

60. Além disso, a santa mãe Igreja instituiu os sacramentais. São sinais sagrados, pelos quais, à imitação dos sacramentos, são significados efeitos principalmente espirituais, que se obtêm pela oração da Igreja. Pelos sacramentais, os homens se dispõem para receber o efeito principal dos sacramentos e são santificadas as diversas circunstâncias da sua vida.

61. A Liturgia dos sacramentos e dos sacramentais permite que a graça divina, que promana do Mistério Pascal da paixão, morte e ressurreição de Cristo, do qual recebem a sua eficácia todos os sacramentos e sacramentais, santifique todos os acontecimentos da

---

60. Os sacramentais: Os sacramentais são celebrações instituídas pela Igreja. Além dos sete sacramentos básicos da fé cristã, os sacramentais comemoram outros mistérios de Cristo. Conforme os Padres, eles "são significados efeitos principalmente espirituais, que se obtêm pela oração da Igreja. Pelos sacramentais, os homens se dispõem para receber o efeito principal dos sacramentos e são santificadas as diversas circunstâncias da sua vida". Colocados numa dimensão teológica de Liturgia, os sacramentais, celebrações de mistérios de Cristo nas experiências ocasionais ou circunstanciais do tempo na vida das pessoas, adquirem um sentido muito rico. Embora não pertençam aos sete sacramentos, também eles têm caráter sacramental como toda a Liturgia. São fontes de graça e expressão do culto a Deus; realizam as duas dimensões de toda a ação litúrgica: a santificação do homem e a glorificação de Deus.

61. Eficácia dos sacramentos e dos sacramentais: O artigo 61 volta a insistir na natureza dos sacramentos e sacramentais. A Liturgia dos sacramentos e sacramentais faz com que

vida dos fiéis que os recebem com a devida disposição. De tal forma que todo uso honesto de coisas materiais possa ser dirigido à santificação do homem e ao louvor a Deus.

Necessidade de reformar os ritos sacramentais

62. Como, porém, no decorrer dos tempos se introduziram certos costumes nas cerimônias dos sacramentos e dos sacramentais que tornam hoje menos clara a sua natureza e fim, e devendo por isso fazerem-se algumas adaptações às necessidades dos nossos tempos, o sagrado Concílio decretou o seguinte em ordem à sua revisão.

---

quase todo acontecimento da vida seja santificado pela graça divina que flui do Mistério Pascal da Paixão, Morte e Ressurreição de Cristo, do qual todos os sacramentos e sacramentais adquirem sua eficácia. Assim, todas as coisas feitas e usadas honestamente podem ser dirigidas à finalidade de santificar o homem e de louvar a Deus. Aqui se supera certa separação entre os sacramentos e sacramentais. Todos constituem comemoração do Mistério Pascal da Paixão, Morte e Ressurreição de Cristo.

62. A reforma dos ritos dos sacramentos e sacramentais: Mostra-se aqui a necessidade de fazer uma revisão dos ritos dos sacramentos e dos sacramentais para adaptá-los às exigências de nossa época, visto que se introduziram no decorrer dos tempos certos costumes nas cerimônias dos sacramentos e sacramentais, que por sua natureza e finalidade pouco correspondem ao nosso tempo. O Concílio estabelece as seguintes reformas referentes aos sacramentos e aos sacramentais:

63. Uso da língua vernácula: O número 63 reconhece que em geral o uso da língua vernácula é muito útil na administração

A língua

63. Sendo, frequentemente, muito útil para o povo o uso da língua vernácula na administração dos sacramentos e sacramentais, dê-se-lhe lugar mais amplo, conforme as seguintes normas:

a) Na administração dos sacramentos e sacramentais pode-se usar o vernáculo, segundo o que foi prescrito no art. 36;

b) A competente autoridade eclesiástica territorial, a que se refere o art. 22 §2 desta Constituição, prepare o mais depressa possível, com base na nova edição do Ritual Romano, os rituais particulares, adaptados às necessidades de cada uma das regiões, mesmo quanto à língua. Estes rituais serão usados nas respectivas regiões depois de aprovados pela Sé Apostólica. Na elaboração destes Rituais, ou nestas coleções especiais de ritos, não se omita nenhuma das normas propostas no Ritual Romano para cada rito, quer sejam de caráter pastoral, quer digam respeito às rubricas, quer tenham especial importância social.

---

dos sacramentos e sacramentais. Por isso, dê-se a ela lugar mais amplo conforme normas que se seguem. Aqui ainda se fala de administração dos sacramentos e sacramentais. A administração poderia ser feita em latim, mas quando os sacramentos e sacramentais são celebrados por todo o povo como memória do Mistério Pascal, evocando os diversos mistérios de Cristo, logicamente se pede a língua do povo. Sem ela, dificilmente a celebração poderia ser consciente, ativa e eficaz.

O catecumenato

64. Restaure-se o catecumenato dos adultos, com vários graus, introduzindo-se seu uso segundo o parecer do Ordinário do lugar, de modo que o tempo do catecumenato, dedicado à conveniente instrução, possa ser santificado por meio de ritos sagrados que se hão de celebrar em ocasiões sucessivas.

Revisão do rito batismal

65. Nas terras de missão, além do que existe na tradição cristã, seja também lícito admitir os elementos de iniciação que se encontram em cada povo, à medida que possam ser acomodados ao rito cristão, segundo os arts. 37-40 desta Constituição.

66. Revejam-se tanto o rito simples do Batismo de adultos, como o mais solene, em vista da restauração do

---

64-70. A reforma do rito do Batismo: Os artigos 64 a 70 tratam do rito do Batismo a ser reformado. O número **64** trata da restauração do catecumenato. Restaure-se o catecumenato dos adultos em diversos graus distintos, e elaborem-se ritos que acompanhem as diversas etapas. Este trabalho foi realizado com a edição do Ritual de Iniciação Cristã de Adultos, aprovado por Paulo VI a 6 de janeiro de 1972. Seu uso deverá ser introduzido com as devidas adaptações de acordo com o parecer do Ordinário do lugar.

O número **65** lembra que nas terras de Missão, além do que existe na tradição cristã, seja também lícito admitir os elementos de iniciação que se encontram em cada povo.

O número **66** pede a reforma do rito do Batismo de adultos. Existiam dois ritos de Batismo de adultos, o simples e o mais

catecumenato; e insira-se no Missal Romano a Missa própria "na administração do Batismo".

67. Reveja-se o rito do Batismo das crianças e adapte-se à sua real condição. Dê-se maior realce, no rito, à parte e aos deveres dos pais e padrinhos.

68. Prevejam-se adaptações no rito do Batismo, a serem usadas, segundo o parecer do Ordinário do lugar, para quando houver grande número de batizandos. Componha-se também um rito mais breve que, sobretudo em terras de missão e em perigo de morte, possa ser usado pelos catequistas ou por qualquer fiel, na ausência de sacerdote ou diácono.

---

solene, mas de fato nenhum deles era realmente usado, pois o próprio Batismo de adultos caíra em desuso e, quando por exceção, havia um Batismo de adulto, seguia-se o rito do Batismo de crianças, que por sua vez também não era próprio para crianças. Pede ainda que se introduza no Missal uma Missa própria para a administração do Batismo.

O número **67** trata do rito do Batismo de crianças. Que ele seja adaptado à verdadeira condição das crianças, e que seja expresso com mais clareza dentro do rito o papel dos pais e dos padrinhos. Na declaração ao número 67 são apontadas várias questões a serem consideradas na reforma do rito.

O número **68** pede que se elaborem ritos adaptados para as ocasiões em que há grande número de batizados. E que seja elaborado também um rito mais breve, a ser usado sobretudo em terras de Missões pelos catequistas e em perigo de morte pelos fiéis em geral quando não houver padre ou diácono.

Tudo isso se encontra no Ritual do Batismo de Crianças, aprovado por Paulo VI no dia 15 de maio de 1969 e com algumas modificações em segunda edição típica aos 29 de agosto de 1973.

69. Em lugar do "Rito para suprir as cerimônias omitidas sobre uma criança já batizada", componha-se outro rito, no qual se exprima de modo mais claro e conveniente que a criança, batizada com o rito breve, já fora recebida na Igreja.

Da mesma forma faça-se um novo rito para os validamente batizados que se convertem à doutrina católica, pelo qual se mostre que são admitidos à comunhão da Igreja.

70. Fora do tempo pascal, pode-se benzer a água batismal dentro do próprio rito do Batismo usando-se uma fórmula aprovada mais breve.

No número **69** pede-se a elaboração de um rito que substitua o chamado "rito para suprir o que faltou no Batismo". Trata-se de Batismos de emergência. Mostre-se que a criança já foi recebida no seio da Igreja por um Batismo administrado num rito mais breve. Temos hoje o "rito para receber na Igreja uma criança já batizada".

Da mesma forma faça-se um novo rito para os validamente batizados que se convertem à doutrina católica, pelo qual se mostre que são admitidos à comunhão da Igreja. Tal rito renovado encontra-se no *Ritual da Iniciação Cristã de Adultos* sob o título "rito de admissão na plena comunhão da Igreja Católica das pessoas já batizadas validamente".

O número **70** trata da questão da água batismal que costumava ser abençoada apenas uma vez por ano na Vigília Pascal. Os Padres determinam que, "fora do tempo pascal, pode-se benzer a água batismal dentro do próprio rito do Batismo usando-se uma fórmula aprovada mais breve". Nos primeiros séculos realmente em cada celebração do Batismo se fazia a ação de graças sobre a fonte. A reforma do rito do Batismo restaurou a ação de graças

Revisão do rito da Confirmação

71. Seja revisto o rito da Confirmação, também para fazer ressaltar mais claramente a íntima união deste sacramento com toda a iniciação cristã; por este motivo, é muito conveniente, antes de o receber, fazer a renovação das promessas do Batismo.

A Confirmação, se parecer oportuno, pode ser conferida durante a Missa; prepare-se entretanto, em ordem à celebração do rito fora da Missa, uma fórmula que lhe possa servir de introdução.

Revisão do rito da Penitência

72. Revejam-se o rito e as fórmulas da Penitência, de modo que exprimam com mais clareza a natureza e o efeito deste sacramento.

---

sobre a água, chamada em geral de "bênção da água batismal" em cada celebração, mesmo durante o tempo pascal.

71. Reforma do rito da Confirmação: A Liturgia do sacramento da Confirmação ou da Crisma era muito pobre. Isso se explica pelo fato de o rito da Confirmação fazer parte de uma só celebração dos três sacramentos da Iniciação Cristã, inicialmente na Vigília Pascal e mais tarde em outras festas como a Epifania e Pentecostes, isto é, o Batismo, a Confirmação e a Eucaristia. Pede-se agora uma revisão do rito da Confirmação para tornar mais clara a íntima ligação da Confirmação com toda a iniciação cristã. Por isso, convém que em sua celebração se faça a renovação das Promessas do Batismo e, oportunamente, seja celebrada dentro da Missa. Quando feita fora da Missa, seja dentro de uma expressão mais rica. De fato, temos hoje o rito da Celebração da Confirmação na Missa e o rito da Confirmação fora da Missa. Neste caso, vem inserida numa celebração da Palavra de Deus.

O sacramento da Unção dos Enfermos

73. A "extrema-unção", que também e melhor pode ser chamada "Unção dos Enfermos", não é um sacramento só dos que estão no fim da vida. É já certamente

---

72. Reforma do rito da Penitência: Foi o último rito reformado entre os sacramentos a ser publicado. Também a expressão celebrativa deste sacramento chamado Penitência ou Confissão era muito pobre, pouco inserida na Palavra de Deus e pouco eclesial. O documento conciliar é sóbrio quanto à reforma deste sacramento. Diz apenas: "Revejam-se o rito e as fórmulas da Penitência, de modo que exprimam com mais clareza a natureza e o efeito deste sacramento".

Depois de muito estudo sobre a reconciliação dos penitentes na história e discussões teológicas sobre a integridade da confissão, apareceu, a 2 de dezembro de 1973, o Ritual da Penitência em três modalidades: "rito para a reconciliação individual dos penitentes"; "rito para a reconciliação de vários penitentes com confissão e absolvição individuais"; "rito para a reconciliação de vários penitentes com confissão e absolvição geral".

O sacramento recebeu mais um nome: "Sacramento da Reconciliação". Mesmo no "rito para a reconciliação individual dos penitentes" está presente a proclamação da Palavra de Deus. Acentua-se também o aspecto cultual da Penitência como ação de graças pela bondade e a misericórdia de Deus, manifestadas no perdão dos pecados pelos méritos da morte e ressurreição de Cristo. Consta também de um momento de louvor e ação de graças após a reconciliação, intitulado "proclamação do louvor de Deus" ou "louvor a Deus por sua misericórdia".

73. A Unção dos Enfermos: A reforma da Liturgia do Sacramento dos Enfermos mereceu três artigos. O primeiro fala do nome e da natureza deste sacramento tão temido e desvirtuado

tempo oportuno para a receber quando o fiel começa, por doença ou por velhice, a estar em perigo de morte.

---

durante séculos na Igreja. Os Padres conciliares procuram voltar às origens do sacramento, que, antes de ser dos agonizantes ou moribundos, é o sacramento dos enfermos ou doentes também em vista da cura. Por isso, o documento conciliar sugere um nome mais adequado para o sacramento. Em vez de "extrema-unção", "Unção dos Enfermos".

A prática de uma só reconciliação dos penitentes após o Batismo levou ao costume de se adiar a Unção até o fim da vida. A extrema penitência carregou consigo a extrema-unção, fazendo parte dos "Últimos Sacramentos". Por isso diz o Concílio: "A 'extrema-unção', que também e melhor pode ser chamada 'Unção dos Enfermos', não é um sacramento só dos que estão no fim da vida. É já certamente tempo oportuno para a receber quando o fiel começa, por doença ou por velhice, a estar em perigo de morte".

De certa maneira devemos distinguir entre doença e enfermidade. No latim, "doença" tem a ver com dor, com infecção ou lesões corporais. O conceito de enfermidade é mais amplo e significa fragilidade, debilidade, fraqueza. O texto, em latim, reza: "Unctio infirmorum", Unção dos Enfermos". Creio que o nome *Unção dos enfermos* é mais adequado, pois a idade avançada não é doença, mas certamente enfermidade no seu sentido de fraqueza, fragilidade.

A condição para que alguém celebre a Unção dos Enfermos é que a pessoa realmente esteja doente ou fisicamente fragilizada pela idade. Já conforme São Tiago, a oração e a unção sobre o enfermo têm como efeito o conforto espiritual, a cura e o perdão dos pecados. Não é bilhete de passagem para a eternidade. O sacramento dos moribundos ou agonizantes é a sagrada comunhão em forma de viático, ou seja, como alimento para a última viagem, a páscoa definitiva.

74. Além dos ritos separados da Unção dos Enfermos e do viático, componha-se um "rito continuado" em que a unção se administre ao doente depois da confissão e antes da recepção do viático.

75. O número das unções deve regular-se pela oportunidade. Revejam-se as orações do rito da Unção dos

---

Ainda há muito que fazer para que esta nova compreensão da Unção dos Enfermos também em vista da recuperação da saúde encontre o devido lugar na prática da Pastoral dos enfermos. É preciso superar o tabu da íntima relação deste sacramento com a morte certa não só pelos fiéis em geral, mas também pelo clero e os religiosos e religiosas.

74. Reformulação dos ritos ligados à Unção dos Enfermos: Além dos ritos separados da Unção dos Enfermos e do Sagrado Viático, haja um rito único, onde a unção seja celebrada após o sacramento da Penitência e antes da comunhão como viático. Faça-se de tal modo que os ritos mostrem claramente uma celebração da Unção dos Enfermos com ou sem a comunhão e a Penitência, e outra em que estão interligados a Unção, a Penitência e o Sagrado Viático, pois este último não está necessariamente vinculado com a Unção dos Enfermos.

Tudo isso está muito bem apresentado no novo Ritual da Unção dos Enfermos, aprovado aos 7 de dezembro de 1972. Nele se encontram: "Rito e comunhão aos enfermos"; "Rito da Unção dos Enfermos: Rito comum"; "Rito da Unção na Missa"; "Celebração da Unção em grande concentração de fiéis"; "O Viático"; "Administração dos sacramentos a enfermos em perigo de morte iminente". Certamente, resta um longo caminho para se superar o tabu ligado a este sacramento como "extrema-unção".

75. Unções e orações: O número de unções se acomode às circunstâncias. O novo ritual prevê que se façam as unções na

Enfermos, de modo que correspondam às diversas condições dos que recebem este sacramento.

Revisão do rito das ordenações

76. Faça-se a revisão do texto e das cerimônias do rito das ordenações. As alocuções do bispo, no início da ordenação ou consagração, podem ser em vernáculo.

---

fronte e nas mãos. Pede-se ainda que as orações acompanhem ou correspondam às diversas condições dos enfermos que recebem este sacramento.

Constatamos, pois, que o Sacramento dos Enfermos foi profundamente reformado para que esteja integrado plenamente nos sofrimentos do fiel, seja por motivos de doença seja por enfermidade. Que ele possa enfrentar o sofrimento na força do Espírito Santo que lhe é dado na celebração do sacramento e assim unir seus sofrimentos, na fé, à Paixão redentora de Cristo Jesus.

76. Revisão do rito da Ordenação: Poderíamos falar também de revisão dos ritos ligados ao sacramento da Ordem em seus três níveis. Embora dedique apenas um número à Liturgia desse sacramento, a *Sacrosanctum Concilium* pede profundas reformas tanto em relação às cerimônias como aos textos. É bastante parco em apresentar propostas concretas. Pede-se que as alocuções do bispo no início de cada Ordenação ou Consagração possam ser feitas em vernáculo e que na sagração episcopal a imposição das mãos seja feita por todos os bispos presentes. Na *Sacrosanctum Concilium* ainda se fala de consagração e de sagração referindo-se aos bispos. No novo Ritual, em todos os níveis, só se fala de ordenação.

Na declaração ao número 76 apareceram muitíssimas sugestões no sentido de tornar o sentido da ordenação mais inteligível às mentalidades dos diversos povos. (a) Deseja-se a redução de

Na consagração episcopal, todos os bispos presentes podem fazer a imposição das mãos.

---

muitas cerimônias juntamente com suas fórmulas, especialmente na ordenação sacerdotal e na consagração episcopal. (b) Reveja-se totalmente a entrega dos instrumentos e da indumentária. c) As alocuções do bispo aos ordinandos sejam sujeitas à revisão de forma que os conceitos nelas contidos correspondam melhor aos direitos e obrigações de nossa época, previstos pelo direito. d) Da mesma maneira, algumas fórmulas que aqui e acolá ocorrem nas cerimônias que conotam disciplina e conjuntura obsoletas das coisas sejam acomodadas às novas circunstâncias. e) Nas alocuções do bispo aos ordinandos parece ser necessário para a instrução dos fiéis que se use a língua por eles conhecida, de sorte que se possam entender mais fácil e diretamente a natureza e os efeitos de cada uma das ordens.

Fato é que entre a aprovação da *Sacrosanctum Concilium* e a elaboração do Ritual das Ordenações correu muita água sob a ponte. Já se disse que o Concílio Vaticano II foi o concílio do episcopado, reconhecido como sacramento, ou como plenitude do sacramento da Ordem. A *Lumen Gentium* dedicou todo o Cap. III à *Constituição hierárquica da Igreja e em especial o Episcopado.* Além disso, temos o Decreto *Christus Dominus*, sobre o Múnus Pastoral dos Bispos na Igreja; o Decreto *Presbyterorum Ordinis*, sobre o Ministério e a Vida dos Presbíteros; bem como o Decreto *Optatam Totius*, sobre a Formação Sacerdotal.

Já, aos 18 de junho de 1968, foi aprovado o novo Ritual das Ordenações, substancialmente renovado. Os ritos apresentam-se bem mais simples, compreensíveis e ricos de sentido. Gratificante foi ver que o vernáculo foi liberado para toda a celebração e não somente para a homilia. O título desta parte do Pontifical era o seguinte: "Ritual de Ordenação de Diácono, Presbítero e Bispo".

Revisão do rito do Matrimônio

77. A fim de indicar mais claramente a graça do sacramento e inculcar os deveres dos cônjuges, reveja-se e enriqueça-se o rito do Matrimônio que se encontra no Ritual Romano.

Tem-se a impressão de que o processo foi um tanto apressado, pois, em 1989, já saía a segunda edição típica com uma série de modificações, sobretudo em relação aos textos. Modificou-se a ordem dos Ritos de Ordenação no Ritual, de tal modo que, iniciando com a ordenação de bispo, que tem a plenitude da Ordem sacra, se entenda melhor como os presbíteros são seus auxiliares e colaboradores, e os diáconos se ordenam para o serviço sob as ordens do bispo. O título do livro agora é: "Rito de Ordenação de Bispo, Presbíteros e Diáconos". Além disso, esta edição, como os demais livros litúrgicos, vem com uma Introdução com a finalidade de expor a doutrina sobre o sacramento e tornar mais clara a estrutura de sua celebração. Abandonaram-se totalmente os termos "consagração", "oração consecratória", sagração, sagrante principal ou consagrante principal, mas ordenante principal. A prece principal do sacramento é chamada "Prece de ordenação" e não mais "oração consecratória". Hoje, os ritos de Ordenação traduzem bem a teologia e a espiritualidade de cada nível do sacramento da Ordem: o Episcopado, o Presbiterado e o Diaconado.

77. Rito do Matrimônio: São dois os artigos que tratam do rito da celebração do Matrimônio. O sacramento do Matrimônio foi certamente o último dos sacramentos que recebeu um rito próprio por parte da Igreja. Até por volta do século XIV ou XV, os diversos ritos de casamento segundo as culturas eram simplesmente aceitos pela Igreja. Temos, sim, alguns elementos como a bênção nupcial ou a participação na Eucaristia. Mas só pelo século XIV é que a Igreja exigiu que o consentimento fosse

"Se alguns países têm outros louváveis costumes e cerimônias para a celebração do Matrimônio, o Sagrado Concílio deseja ardentemente que de todo se conservem."[1]

Concede-se à competente autoridade eclesiástica territorial, a que se refere o art. 22 § 2 desta Constituição, a faculdade de preparar um rito próprio de acordo com os usos dos vários lugares e povos, ficando, no entanto, firme a obrigação de o sacerdote que assiste pedir e receber o consentimento dos nubentes.

---

[1] Concilium Tridentinum, Sessio XXIV, 11 de novembro de 1563, De reformatione, cap. 1; Concilium Tridentinum, ed. cit., t. IX, Actorum pars VI, Friburgo in Br. 1924, p. 969; cf. Rituale Romanum, tit. VIII, c. II, n. 6.

---

dado publicamente, diante do pároco e duas testemunhas. Isso para evitar os casamentos clandestinos e garantir a santidade do Matrimônio entre cristãos. Compreende-se então a variedade de ritos de casamento na Igreja tanto no Oriente como no Ocidente.

A partir disso, podemos compreender o que pede o número 77 da *Sacrosanctum Concilium*: o rito do Matrimônio tal como se encontra no Ritual Romano precisa ser revisto e enriquecido. Deve mostrar mais claramente a graça do sacramento e inculcar as obrigações dos cônjuges. De acordo com o que já foi estabelecido pelo próprio Concílio de Trento, costumes e ritos louváveis existentes em alguns países, o Concílio deseja ardentemente que de todo se conservem. Inclusive, seguindo as normas já enunciadas neste documento conciliar, a autoridade eclesiástica competente pode criar um rito próprio conforme aos usos dos lugares e do povo. Exige, contudo, que o sacerdote assistente indague e receba o consenso dos contraentes.

78. Conforme o costume, celebre-se o matrimônio dentro da Missa, após a leitura do Evangelho e homilia, antes da "oração dos fiéis". A oração sobre a noiva seja convenientemente revista, a fim de inculcar os deveres comuns de mútua fidelidade a ambos os esposos. Poderá ser dita em vernáculo.

---

78. Celebração do Matrimônio: Diz-se que convém celebrar o Matrimônio dentro da Missa depois da proclamação do Evangelho e antes da Oração dos fiéis. Tradicionalmente havia a bênção nupcial, que, no entanto, fazia referência somente à noiva e, por isso, chamada oração sobre a noiva. Pede-se que esta oração seja convenientemente revista, incluindo tanto o esposo como a esposa com a possibilidade de ser pronunciada em língua vernácula. Caso o Matrimônio seja celebrado fora da Missa, haja uma proclamação da Palavra de Deus referente ao sacramento do Matrimônio. Lembra-se, enfim, de que a bênção aos esposos nunca seja omitida.

Dentro desta variedade de possibilidades de ritos diferentes conforme as tradições dos povos e as culturas, o Conselho para a Execução da Constituição sobre a Sagrada Liturgia elaborou um rito romano oficial, que poderá servir para elaboração de ritos próprios adaptados dentro das diversas tradições e culturas. O Ritual foi publicado no dia 19 de março de 1969 sob o título *Ordo Celebrandi Matrimonium* (Rito de Celebração do Matrimônio). Apresentam-se três ritos diferentes: "Celebração do Matrimônio dentro da Missa"; "Celebração do Matrimônio sem Missa"; "Celebração do Matrimônio entre católico e não batizado", bem como uma rica coletânea de leituras bíblicas a serem usadas no rito do Matrimônio e na Missa "pelos esposos".

Na segunda edição típica, a Introdução Geral foi significativamente enriquecida. No número 17 da Introdução se diz: "Cada Conferência Episcopal tem a faculdade de elaborar, consoante os usos dos povos e dos lugares, um rito próprio para o matrimônio a

> Se o matrimônio for celebrado fora da Missa, leia-se no início a Epístola e o Evangelho da "Missa para os esposos", e nunca se deixe de lhes dar a bênção nupcial.

---

ser aprovado pela Santa Sé, contanto que o sacerdote solicite e receba o compromisso dos contraentes e lhes dê a bênção nupcial".

No Brasil, as tentativas de um rito de Matrimônio próprio não surtiram grande efeito. A celebração do Matrimônio em todos os povos sempre teve um aspecto religioso porque ligado ao amor como fonte de vida, com profunda ligação com a divindade. Além desse aspecto religioso, também teve uma expressão "social" no âmbito das famílias e dos clãs. Infelizmente, nos nossos dias o aspecto social do rito começou a ser colocado em grande destaque. E, muitas vezes, quase se reduz ao aspecto social. Nas celebrações do Matrimônio no Brasil, sobrou pouco do aspecto religioso e talvez menos ainda do caráter cristão da celebração. Cada família inventa o seu rito, um mais pomposo que outro, expressão de competição de *status* social entre famílias.

Talvez por falta de uma expressão litúrgica mais rica nos diversos ritos regionais, em 1990 a Sé Apostólica publicou uma nova edição típica do rito do Matrimônio. Ele se apresenta mais rico na Introdução Geral, nos Ritos e nas Preces; são introduzidas algumas modificações, segundo a norma do Código de Direito Canônico promulgado em 1983. Também aparece melhor a função do Espírito Santo neste sacramento. Realmente, a Introdução Geral foi bem ampliada, realçando a teologia e a espiritualidade do Matrimônio. Apresenta todo um roteiro de preparação para o Matrimônio.

A Conferência Nacional dos Bispos do Brasil elaborou um "Rito Adaptado do Matrimônio", elaborado por liturgistas brasileiros a partir de consultas às bases interessadas. Foi aprovado pela 29ª Assembleia Geral da Conferência Nacional dos Bispos do Brasil e, posteriormente, confirmado pela Congregação para

Revisão dos sacramentais

79. Os sacramentais sejam revistos, tendo-se em conta o princípio fundamental de uma participação consciente, ativa e fácil dos fiéis, bem como as necessidades do nosso tempo. Nos rituais, a serem revistos conforme o art. 63, podem ser acrescentados novos sacramentais, de acordo com as necessidades.

---

o Culto Divino e a Disciplina dos Sacramentos. Trata-se de um rito opcional, cujo uso é permitido a todos. Devemos reconhecer que a forma adaptada acrescentou muito pouco ao Rito Romano. Infelizmente, nem um nem o outro rito é tomado a sério. No campo da celebração cristã do Matrimônio, há um longo caminho a percorrer.

79. Revisão dos sacramentais: O número 79 apresenta os princípios gerais para a revisão ou reforma dos sacramentais e trata das bênçãos, em particular. Nos números 61 e 62, os Padres conciliares haviam tratado da natureza dos sacramentais. Abordam agora concretamente a sua revisão. Os Padres restringem suas observações às bênçãos em geral, à profissão religiosa e ao rito das exéquias. A Liturgia das Horas, o Dia do Senhor como celebração semanal da Páscoa e o ano litúrgico, também eles pertencentes à categoria dos "sacramentais", receberão um tratamento especial.

Não se faz alusão explícita, aqui, à Dedicação de Igreja e de Altar. Certamente está incluída nas "Bênçãos". A bela e rica celebração de Dedicação de Igreja e de Altar, parte do Pontifical Romano, também recebeu um rito profundamente renovado, aprovado no dia 29 de maio de 1977. No decreto de aprovação se diz que "o rito da dedicação de igreja e de altar está com justiça entre as mais solenes ações litúrgicas". O mesmo se diga do rito de bênção de abade e de abadessa pertencente ao Pontifical

As bênçãos reservadas sejam poucas, e só em favor dos bispos e Ordinários.

Providencie-se de modo que alguns sacramentais, pelo menos em circunstâncias especiais e a juízo do Ordinário, possam ser administrados por leigos dotados das qualidades requeridas.

Romano, aprovado aos 9 de novembro de 1970. Devemos lembrar ainda o rito de coroação de imagem da bem-aventurada Virgem Maria, publicado aos 25 de março de 1981. Convém que o rito seja celebrado pelo bispo da diocese.

O uso do termo "sacramental" é bastante vago. Hoje se fala em celebração dos sacramentos e de outros mistérios do culto, ou ainda de demais celebrações litúrgicas, isto é, além dos sacramentos no sentido estrito. No sentido amplo, toda ação litúrgica tem caráter sacramental.

Aqui se diz que os sacramentais devem ser revistos, considerando, sobretudo, a participação consciente, ativa e fácil dos fiéis e as necessidades do nosso tempo. Por isso, pede-se o uso da língua vernácula. Nos rituais a serem revistos, podem-se acrescentar novos sacramentais. As bênçãos reservadas sejam poucas e apenas em favor dos bispos ou ordinários. Até se sugere que alguns sacramentais (bênçãos) possam ser administrados por leigos dotados de suficientes qualidades a critério do Ordinário. Trata-se de leigos como ministros da celebração de bênçãos. O "Ritual de Bênçãos" foi aprovado a 31 de maio de 1984 com longa e rica Introdução Geral e Introduções a cada capítulo das diversas celebrações de bênçãos. A CNBB publicou também o "Ritual de Bênçãos por Ministros Leigos" pelas Edições Paulinas/Editora Vozes, datado de 1991, contendo as bênçãos que podem ser presididas por leigos conforme as normas da lei.

Há toda uma mudança de compreensão das bênçãos. Não se trata simplesmente de administrar ou dar bênçãos, mas de

A profissão religiosa

80. Reveja-se o rito da consagração das virgens, que está incluído no Pontifical Romano.

Prepare-se, além disso, um rito de profissão religiosa e de renovação dos votos, que contribua para maior unidade, sobriedade e dignidade, a ser observado por aqueles que fazem a profissão ou renovação de votos dentro da Missa, salvo o caso de direito particular.

É louvável que se faça a profissão religiosa dentro da Missa.

---

celebrar as bênçãos. A Introdução Geral insiste em três pontos: Que a celebração seja comunitária, pois é a Igreja quem celebra as bênçãos. Que a bênção seja inserida numa celebração da Palavra de Deus. E, finalmente, que na oração de bênção seja dada preferência à oração de ação de graças, o louvor e agradecimento pelos benefícios (bênçãos) recebidos e só depois se faça a invocação de nova bênção ou benefício.

80. O rito da consagração das virgens, o rito da profissão religiosa e de renovação da profissão: Os ritos de celebração da "consagração das virgens" e da "profissão religiosa" masculina e feminina constituem importantes mistérios do culto de Cristo e da Igreja. Aqui são tratados quatro pontos a respeito desses ritos: O rito de consagração das virgens constante no Pontifical Romano seja revisto. Prepare-se um rito de profissão religiosa e de renovação dos votos que expresse melhor a unidade, sobriedade e dignidade da celebração. Recomenda-se, enfim, que a profissão religiosa seja feita dentro da Missa. A Igreja não deseja impor a todas as ordens e congregações o mesmo rito; tem respeito ao direito particular.

De fato, foi elaborado um "rito de consagração das virgens", datado de 31 de maio de 1970, bem como o "rito da profissão

Revisão dos ritos fúnebres

81. As exéquias devem exprimir melhor o caráter pascal da morte cristã. Adapte-se mais o rito às condições e tradições das várias regiões, mesmo no que respeita à cor litúrgica.

---

religiosa", datado de 2 de fevereiro de 1970. Este pode receber adaptações conforme o carisma e a espiritualidade das diversas ordens e congregações.

No rito de profissão dos religiosos realçamos: "rito da profissão temporária na Missa"; "rito da profissão perpétua na Missa"; "rito de renovação dos votos na Missa". No rito da profissão das religiosas temos: "rito da profissão temporária na Missa"; "rito da profissão perpétua na Missa"; "rito de renovação dos votos na Missa". Consta também um "rito de promessa".

81-82. Reforma do rito das exéquias: O rito das exéquias também deve receber atenção na reforma dos sacramentais. Celebrações em torno do morto é costume universal. São os ritos funerais ou simplesmente funerais. No cristianismo, muito cedo, os cristãos acompanhavam o agonizante com orações na passagem para a outra vida, celebravam a páscoa definitiva do cristão com ritos exequiais. As exéquias constavam de vários ritos. Podemos realçar a preparação do corpo e sua transladação para a igreja, o Ofício Divino dos Defuntos, a Missa de corpo presente, a última encomendação, a procissão até ao cemitério e o sepultamento.

O Concílio realça que o rito das exéquias deve exprimir mais claramente a índole pascal da morte cristã. E devem corresponder ainda melhor às condições e tradições das diversas regiões, inclusive quanto à cor litúrgica a ser usada.

Também o rito de sepultamento de crianças deverá ser revisto e apresentar uma Missa própria.

82. Faça-se a revisão do rito de sepultura das crianças enriquecendo-o de Missa própria.

O rito reformado pelo Conselho para a Execução da Constituição sobre a Sagrada Liturgia foi promulgado no dia 15 de agosto de 1969. Ele apresenta um material muito rico, mas mal organizado. O ritual apresenta uma Introdução Geral sobre o sentido do rito das exéquias e suas diversas modalidades. Além disso, ele apresenta uma vigília junto ao defunto, três tipos de exéquias em circunstâncias diversas e um rito de exéquias para crianças, além de muitos outros textos. No Ritual de Exéquias apresentado no Presbiteral publicado pela Editora Vozes, os vários tipos de exéquias foram reordenados em sua apresentação em ritos contínuos, facilitando o seu uso.

O decreto de promulgação do ritual expressa bem o sentido da celebração da morte do cristão através das exéquias. "Pelos ritos das exéquias, a Santa Mãe Igreja teve sempre o costume não só de encomendar seus mortos a Deus, mas também de sustentar a esperança de seus filhos e dar testemunho de sua fé na futura ressurreição dos batizados, juntamente com Cristo".

Outra coisa importante a notar é a distinção entre a assistência aos agonizantes na hora da morte e as celebrações após a sua morte. As orações e preces para a assistência aos agonizantes se encontram no "Ritual da Unção dos Enfermos e sua Assistência Pastoral".

Capítulo IV
Ofício Divino

O Ofício Divino, obra de Cristo e da Igreja

83. O sumo sacerdote da nova e eterna aliança, Jesus Cristo, ao assumir a natureza humana trouxe a este exílio da terra aquele hino que se canta por toda a eternidade na celeste mansão. Ele une a si toda a humanidade e associa-se a este cântico divino de louvor.

Continua esse múnus sacerdotal por intermédio de sua Igreja, que louva o Senhor sem cessar e intercede

---

CAPÍTULO IV – O OFÍCIO DIVINO. O Capítulo IV da *Sacrosanctum Concilium* trata do Ofício Divino. O Concílio ainda não chama esta forma comunitária de Oração da Igreja de Liturgia das Horas. Este capítulo trata primeiramente da natureza da Liturgia das Horas (n. 83-88), donde brotam alguns princípios para sua reforma **(nn. 89-101)**.

83. O Ofício Divino, oração de Cristo e da Igreja: O Concílio coloca a natureza do Ofício Divino no exercício do sacerdócio de Cristo como Mediador entre Deus e os homens. No exercício desse sacerdócio, Jesus Cristo realiza a íntima comunhão com Deus e com a humanidade. Traz ao tempo presente e para dentro da criação aquela comunhão eterna da Trindade Santa. Pelo mistério da Encarnação, Cristo Jesus traz para o exílio terrestre aquele hino que é cantado por todo o sempre nas habitações celestes. Jesus Cristo associa a si toda a comunidade dos homens, celebrando este

pela salvação do mundo todo, não só com a celebração da Eucaristia, mas de vários outros modos, especialmente pela recitação do Ofício Divino.

84. O Ofício Divino, segundo a antiga tradição cristã, destina-se a consagrar, pelo louvor a Deus, o curso diurno e noturno do tempo. E quando são os sacerdotes que cantam esse admirável cântico de louvor, ou outros para tal deputados pela Igreja, ou os fiéis

---

divino cântico de louvor. Este exercício de mediação de santificação e de glorificação de Deus por Cristo e em Cristo continua a realizar-se pela Igreja não somente pela celebração da Eucaristia e pelos demais sacramentos. Realiza-se também de outros modos, particularmente rezando o Ofício Divino, pois por ele a Igreja louva sem cessar o Senhor e intercede pela salvação de todo o mundo.

Em outras palavras, o Ofício Divino constitui uma ação litúrgica, memorial do exercício do múnus sacerdotal de Cristo. O Ofício Divino como toda a Liturgia tem caráter sacramental. Traz ao presente, atualiza a mediação de Cristo enquanto ele estabeleceu e praticou a íntima comunhão com Deus.

84. O louvor divino no ritmo do tempo do dia: Nos tempos apostólicos se tinha a consciência de que a Igreja devia rezar e rezar em comum, imitando o próprio Cristo, que se dedicava à oração, e atendendo ao mandato de Cristo: "Vigiai e orai para não cairdes em tentação" (Mt 26,41) ou que "é necessário orar sempre, e sem nunca desanimar" (Lc 18,1). Além disso, Jesus ensinou os discípulos a rezarem (Mt 6, 9-13). O número 84 coloca o Ofício Divino no curso do dia e da noite. A experiência diária da noite e do dia, das trevas e da luz, do trabalho e do repouso constitui uma experiência de passagem, de páscoa, a passagem de uma situação para outra melhor.

A Igreja dos primeiros séculos organizou sua oração comunitária no ritmo do tempo do dia, conforme tradição da oração

quando rezam juntamente com o sacerdote segundo as formas aprovadas, então é verdadeiramente a voz da esposa que fala com o esposo ou, melhor, é a oração que Cristo unido ao seu corpo eleva ao Pai.

85. Todos, pois, os que fazem esta oração cumprem a obrigação própria da Igreja, e participam na imensa

---

diária do Povo de Israel, relacionando a oração matinal ou louvor matinal à ressurreição do Senhor e a oração vespertina ou louvor vespertino aos mistérios da tarde. Assim, todo o dia será consagrado pelo louvor de Deus. Assim, os Padres conciliares ousam afirmar: "Quando são os sacerdotes que cantam esse admirável cântico de louvor, ou outros para tal deputados pela Igreja, ou os fiéis quando rezam juntamente com o sacerdote segundo as formas aprovadas, então é verdadeiramente a voz da esposa que fala com o esposo ou, melhor, é a oração que Cristo unido ao seu corpo eleva ao Pai".

Eis a teologia do Ofício Divino ou da Liturgia das Horas. Coisa maravilhosa! Alegrando-nos com a profundidade teológica com que é abordada a natureza da Liturgia das Horas, não podemos deixar de assinalar três pontos que, graças a Deus, aos poucos foram sendo superados de uma visão mais jurídica da Liturgia das Horas. Insiste-se "nas pessoas delegadas" e "os fiéis em união com o sacerdote" e, finalmente, "rezando em forma aprovada". São resquícios de uma visão jurídica da Sagrada Liturgia que vigorou por vários séculos. Graças a Deus, esta compreensão foi superada tanto pela *Laudis canticum* de Paulo VI como pela *Instrução Geral sobre a Liturgia das Horas.* Em outras palavras, o Concílio reconhece que a Liturgia das Horas é oração de toda a Igreja em Cristo e por Cristo.

85. Um Ofício da Igreja: Quem participa desta oração realiza o Ofício da Igreja e vive a íntima comunhão esponsal da Igreja

honra da Esposa de Cristo, porque estão em nome da Igreja diante do trono de Deus, a louvá-lo.

Valor pastoral do Ofício Divino

86. Os sacerdotes empenhados no sagrado ministério pastoral recitarão com tanto mais fervor o Ofício Divino, quanto mais conscientes estiverem de que devem seguir a exortação de São Paulo: "Rezai sem cessar"

---

com Cristo e, cantando os louvores de Deus, está diante de seu trono em nome da Mãe Igreja. A assembleia orante é sempre a Igreja-Esposa. Estabelece-se a comunhão de amor com o Esposo, abraçando a humanidade inteira por Cristo e em Cristo.

Também aqui devemos cuidar de não entender a questão apenas juridicamente, mas no mistério do culto, no estar diante do trono de Deus "em nome da Mãe Igreja". Só se estará rezando em nome da Igreja se a oração for realmente pessoal, seja ela comunitária ou individual, isto é, quando se reza o Ofício a sós. Só desta forma o orante será expressão real de toda a Igreja em Cristo Jesus.

86. Os sacerdotes, os primeiros chamados para o Ofício Divino: Aqui se apresentam os motivos por que os sacerdotes são os primeiros a cantarem os louvores das Horas. Podemos elencar algumas razões: a consciência de que devem observar em seu ministério pastoral a exortação de Paulo: "Orai sem cessar", pois só o Senhor que disse "sem mim nada podeis fazer" pode dar eficácia e incremento à obra messiânica. Os sacerdotes são chamados de modo especial à oração do Ofício Divino porque intimamente associados ao sacerdócio de Cristo. E a oração memorial do Cristo orante é um dos modos mais eficazes de exercer o próprio sacerdócio de Cristo, mediador entre Deus e os homens sobretudo pela oração.

(1Ts 5,17). É que só o Senhor pode dar eficácia e fazer progredir a obra em que trabalham, ele que disse: "Sem mim nada podeis fazer" (Jo 15,5). Razão tiveram os apóstolos para dizer, quando instituíram os diáconos: "Quanto a nós, permaneceremos assíduos à oração e ao ministério da Palavra" (At 6,4).

87. Para permitir nas circunstâncias atuais, quer aos sacerdotes, quer a outros membros da Igreja, uma melhor e mais perfeita recitação do Ofício Divino pareceu bem ao sagrado Concílio, continuando a restauração felizmente iniciada pela Santa Sé, estabelecer o seguinte sobre o ofício de rito romano.

A estrutura tradicional seja revista

88. Sendo o objetivo do ofício a santificação do dia, reveja-se a sua estrutura tradicional, de modo que, à medida do possível, se façam corresponder as "horas" ao seu respectivo tempo, tendo presentes as condições da vida hodierna em que se encontram sobretudo os que se dedicam a obras de apostolado.

---

87. O que fazer para que este Ofício se ajuste à vida moderna e possa ser exercido com perfeição hoje em dia? As condições do mundo atual são outras. Por isso, apresenta-se a necessidade de reforma e renovação. O Concílio pede que se dê continuidade à reforma do Ofício Divino já iniciada anteriormente pela Sé Apostólica. A respeito da reforma do Ofício Divino do Rito Romano, o Concílio apresenta vários decretos em relação a questões concretas, especificadas nos números **88** a **101**.

88. O curso das Horas: Pela Liturgia das Horas a Igreja pretende santificar o tempo de dia à luz do ritmo das horas, relacionando-as com os mistérios de Cristo. Podemos dizer que a Liturgia

Normas para a revisão do Ofício Divino

89. Por conseguinte, na reforma do ofício, observem-se as seguintes normas:

a) As laudes, como preces matutinas, e as vésperas, como preces da tarde, segundo a venerável tradição

---

das Horas é o louvor da Igreja pelo mistério de Cristo a partir da luz (o ciclo do dia) para a santificação especial do tempo. Torna presente a oração de Cristo e da Igreja toda. Por isso, o Concílio pede que o curso das Horas seja reformado de modo que, na medida do possível, se realize o cântico de louvor na hora em que se realizaram os mistérios de Cristo.

Na história da Igreja surgiram duas modalidades de Ofício Divino: o Ofício catedral, isto é, das Igrejas locais com duas Horas principais, o Louvor matinal ou Laudes e o Louvor vespertino ou Vésperas; e o Ofício monástico, seguindo o cômputo do tempo do mundo romano, as vigílias. A cada três horas (uma vigília durava três horas) se recitava uma hora do Ofício Divino, surgindo assim oito horas de oração diárias. Esta multiplicação das Horas passou mais tarde também para o Ofício catedral. Dentro das condições da vida hodierna, considerando as atividades apostólicas, o Concílio pede que se reveja o número das Horas durante o dia.

89. Normas para a reforma do curso diário das horas: Em vista dessa exigência, observem-se as seguintes normas: (1) Que laudes e vésperas sejam mantidas como as Horas principais e como tais sejam celebradas. (2) Que o completório ou as completas sejam reformadas para que expressem melhor o fim do dia. (3) Que a Hora chamada "matinas", transformada hoje em Ofício de Leituras, seja adaptada de tal modo que, embora traga na origem o sentido de vigília noturna, possa ser devidamente rezado durante o dia. Realmente, a palavra "matinas"

de toda a Igreja tidas como os dois polos do ofício cotidiano, sejam consideradas como as Horas principais e assim sejam celebradas;

b) A Hora de completas seja adaptada de tal modo que se preste adequadamente ao fim do dia;

c) A Hora de matinas, continuando embora, quando recitada no coro, com a índole de louvor noturno, deve adaptar-se para ser recitada a qualquer hora do dia; tenha um número menor de salmos e lições mais extensas;

d) Suprima-se a Hora de prima;

e) Mantenham-se na recitação em coro as Horas menores de terça, sexta e noa. Na recitação não coral, pode-se escolher uma das três, a que mais se adapta à hora do dia.

---

para essa Hora é inadequada. No Ofício monástico, tratava-se de três vigílias noturnas ou três noturnos, o das 21h00, o das 24h00 e o das 3h00 da madrugada. Aos poucos, os três noturnos foram sendo unidos numa só celebração realizada à meia-noite ou de madrugada, passando a serem chamadas "matinas". As verdadeiras Matinas são os louvores matinais ou Laudes. (4) Que o Ofício de Leituras conste de menos salmos e de leituras mais extensas. A Prima seja supressa. Realmente a Prima foi introduzida mais tarde para santificar a hora do início das atividades dos monges. Esta hora, que seria às 7h00 da manhã, está fora do ritmo das oito vigílias do dia. Neste sentido, também as completas são de introdução posterior. Também poderiam ser abolidas, pois o seu conteúdo já está nas vésperas. (5) Que se conservem terça, sexta e noa (as chamadas Horas menores). E que fora do coro é lícito escolher uma das três, de acordo com a hora do dia.

O Ofício Divino, fonte de piedade

90. Sendo, além disso, o Ofício Divino, como oração pública da Igreja, fonte de piedade e alimento da oração pessoal, exortam-se no Senhor os sacerdotes, e todos os outros que participam no Ofício Divino, a que acompanhem com a mente a recitação vocal. Para este fim adquiram conhecimento litúrgico e bíblico mais amplo, principalmente dos salmos.

---

90. O Ofício Divino e a vida de oração em geral: Trata-se de aproveitar bem toda a riqueza espiritual do Ofício Divino. O primeiro grande desafio é fazer da Liturgia das Horas verdadeira oração, isto é, uma oração pessoal. Por isso, gostaria que tivessem usado o termo "individual", e não pessoal, na frase que se segue: "fonte de piedade e alimento da oração pessoal". Certamente, o Ofício Divino é fonte de piedade e alimento da oração pessoal, mas, antes de tudo, o próprio Ofício Divino deverá ser oração pessoal. O Ofício Divino só será oração pública da Igreja se for realmente oração individual pessoal dos que rezam.

Compreendida assim a oração, a recomendação que se segue parece supérflua: "Exortam-se no Senhor os sacerdotes, e todos os outros que participam no Ofício Divino, a que acompanhem com a mente a recitação vocal". Independentemente disso, a seguinte recomendação é muito importante para que o Ofício Divino seja realmente oração pessoal: "[Os sacerdotes e todos os demais que tomam parte na recitação do Ofício Divino] adquiram conhecimento litúrgico e bíblico mais amplo, principalmente dos salmos". Trata-se de aprender a rezar em salmos e não simplesmente a recitar os salmos. Por isso, o secular tesouro do Ofício Romano "seja adaptado de tal forma que mais larga e facilmente possam usufruir dele todos a quem é confiado". Fato é que hoje se reconhece que o Ofício Divino é direito de todo batizado.

Ao fazer a reforma desse tesouro venerável e secular que é o ofício romano, seja adaptado de tal forma que mais larga e facilmente possam usufruir dele todos a quem é confiado.

Distribuição dos salmos

91. Para que o curso das Horas, proposto no art. 89, possa ser realmente observado, os salmos não mais sejam distribuídos por uma semana, mas por um espaço mais longo de tempo.

O trabalho de revisão do saltério, já iniciado, seja levado a termo o mais cedo possível, tendo-se o devido respeito pela língua latina cristã, pelo uso litúrgico inclusive no canto, bem como por toda a tradição da Igreja latina.

Ordem das leituras

92. Quanto às leituras observe-se o seguinte:

Supõe boa formação bíblica para que possa celebrar diariamente o Mistério Pascal através da oração que colhe os mistérios nas Sagradas Escrituras.

91. Os salmos: Os salmos sejam redistribuídos para que o curso das Horas possa ser realmente observado. Os 150 salmos eram rezados cada semana. Agora deverão ser distribuídos por um espaço mais longo de tempo. Realmente, foram dispostos no ciclo de quatro semanas. O trabalho de revisão dos salmos já iniciado seja levado a termo. Trata-se da revisão da tradução dos salmos da Neovulgata.

92. As leituras: Passando em revista os diversos elementos que compõem o Ofício Divino, o número 92 trata das lições ou leituras: (1) Haja um enriquecimento do Ofício com a Palavra de

a) Ordene-se a leitura da Sagrada Escritura de modo que se permita mais fácil e amplo acesso aos tesouros da Palavra de Deus;

b) Faça-se melhor seleção das leituras a extrair das obras dos santos Padres, doutores e escritores eclesiásticos;

c) Dê-se fidelidade histórica aos martírios ou às vidas dos santos.

Revisão dos hinos

93. Restaurem-se os hinos, o quanto parecer conveniente, na sua forma original, tirando ou mudando tudo o que tenha ressaibos mitológicos ou for menos conforme com a piedade cristã. Se convier, admitam-se também outros que se encontram nas coleções hinográficas.

Quando rezar as Horas

94. Importa, quer para santificar verdadeiramente o dia, quer para fazer a recitação com fruto espiritual, que ao rezá-las se observe o tempo que mais se aproxima do verdadeiro tempo de cada uma das Horas canônicas.

Deus, as Sagradas Escrituras. (2) Haja uma melhor seleção das lições extraídas das obras dos Padres, Doutores e Escritores eclesiásticos. (3) Haja fidelidade histórica nas lições sobre os martírios e as vidas dos santos.

93. Os hinos: Embora a Igreja faça uso prioritário da Palavra de Deus em sua oração comunitária, desde os primeiros séculos também lança mão de textos criados por ela. Entre eles sobressaem os hinos. O Concílio pede que os hinos voltem à sua forma primitiva original e sejam expurgados de elementos mitológicos e que não condigam com a piedade cristã. Aconselha ainda a que se enriqueça a Liturgia das Horas com outros hinos do rico repertório da Igreja.

Obrigação ao Ofício Divino

95. As comunidades obrigadas ao coro devem, além da Missa conventual, celebrar o Ofício Divino todos os dias em coro, a saber:

a) O ofício completo: as ordens dos cônegos, de monges e monjas e de outros regulares que por direito ou pelas Constituições estão obrigados ao coro;

b) Os cabidos das catedrais e das colegiadas, aquelas partes do ofício que lhes são impostas pelo direito comum ou particular.

c) Todos os membros daquelas comunidades que já receberam ordens maiores ou fizeram profissão solene,

---

94. O tempo da recitação das Horas: O termo "recitação" aqui deve ser compreendido como celebração. Neste número se mostra indiretamente que o ciclo do dia, ou a luz do dia, faz parte do rito celebrativo do Ofício Divino, constitui elemento da linguagem da oração pelo fato de ajudar a fazer memória dos mistérios de Cristo ligados às diversas horas do dia. O ciclo do dia pode ser comparado ao espaço celebrativo da Liturgia eucarística, a igreja. Tudo ajuda a fazer memória do Mistério Pascal.

Trata-se aqui da observância da verdade das Horas. Até o Concílio, no afã de "absolver" a obrigação do Ofício Divino, muitas pessoas e até comunidades rezavam todo o Ofício ou então várias Horas de uma só vez. Como afirmado acima, a luz e as trevas, como experiência de passagem, constituem elementos rituais da comemoração dos mistérios de Cristo pela Liturgia das Horas.

95. A obrigação: Gostaria de usar aqui não a palavra "obrigação", mas "vocação". Afinal quem é chamado a celebrar o Mistério Pascal pelo Ofício Divino ou Liturgia das Horas? Todo batizado, toda a Igreja. Não deveríamos dizer: "Devo rezar a Liturgia

à exceção dos conversos, devem recitar sozinhos as Horas canônicas que não recitam no coro.

96. Os clérigos não obrigados ao coro, se já receberam as Ordens maiores, são obrigados a recitar diariamente,

---

das Horas", mas "posso 'celebrar' diariamente o Mistério Pascal pela Liturgia das Horas". Em consequência desta vocação nasce a obrigação, a obrigação de responder à vocação. Assim, quanto mais o cristão estiver unido ao sacerdócio de Cristo, tornando-se mediador da salvação e da glorificação de Deus, mais intensamente é chamado e obrigado a exercer o sacerdócio de Cristo pela Liturgia das Horas. É o caso não só dos ministros ordenados, mas também dos religiosos e religiosas.

Interessante que, neste número, os Padres conciliares relacionam a obrigação não propriamente com as pessoas, mas com aqueles grupos de pessoas que, por vocação especial, se obrigam ao Ofício Divino diário, o que vem expresso pelo coro ou a assembleia celebrante. Devemos lembrar que ao Ofício Divino em coro pertencia também a celebração eucarística.

Assim, são chamados e se obrigam a celebrar o Ofício Divino todos os dias em coro:

- As ordens dos cônegos, dos monges e monjas e dos outros regulares obrigados ao coro pelo direito comum ou pelas Constituições.

- Os cabidos catedrais ou as colegiadas.

- Acrescenta-se que todos estes membros pertencentes aos grupos acima mencionados, se não puderem participar da celebração em coro, ou seja, em comum, devem recitar em particular as Horas que não recitam em coro.

Neste número os leigos em geral, com seu direito de participar da Sagrada Liturgia, foram esquecidos. De alguma forma transparece aqui um conceito hierárquico de Igreja, onde contam

quer em comum quer individualmente, todo o ofício, segundo a norma do art. 89.

97. As novas rubricas estabelecerão as comutações que parecerem oportunas, do Ofício Divino por outra ação litúrgica.

Podem os Ordinários, em casos particulares e por justa causa, dispensar os seus súditos da obrigação de recitar o ofício, totalmente ou em parte, ou comutá-la.

98. Os membros de qualquer Instituto de estado de perfeição, que, por força das Constituições, recitam algumas partes do Ofício Divino, fazem oração pública da Igreja.

Fazem também oração pública da Igreja se, por força das Constituições, recitam algum ofício abreviado,

---

os ministros ordenados e os religiosos e as religiosas, bem como uma compreensão por demais jurídica de Liturgia das Horas.

96. Obrigação de rezar o Ofício Divino mesmo a sós: Aqui se fala do clero em geral, isto é, dos bispos, presbíteros e diáconos. Mesmo não "obrigados" ao coro, ou seja, à celebração comunitária do Ofício Divino, eles devem recitar diariamente todas as Horas. Fazendo isso, eles constituem a grande assembleia de toda a Igreja em oração. Ora, isso vale também para os fiéis leigos em geral e para os consagrados e as consagradas, quando rezam a Liturgia das Horas a sós.

97. Comutações: Devem ser estabelecidas normas que digam quando o Ofício Divino pode, oportunamente, ser trocado por outro tipo de ação litúrgica. Curiosamente, se deixa aqui a impressão de que o Ofício Divino não constitua "ação litúrgica", pois se diz que o Ofício Divino pode ser comutado por uma ação litúrgica. De caso a caso, o bispo ou o superior de ordem religiosa poderá dispensar seus súditos da recitação parcial ou total do Ofício Divino, ou trocá-lo por outro exercício de piedade.

desde que seja estruturado sobre o esquema do Ofício Divino legitimamente aprovado.

Recitação comunitária do Ofício Divino

99. Sendo o Ofício Divino a voz da Igreja, a voz de todo o corpo místico a louvar a Deus publicamente, aconselha-se aos clérigos não obrigados ao coro e, sobretudo, aos sacerdotes que convivem ou se reúnem que rezem em comum ao menos alguma parte do Ofício Divino.

Todos, pois, os que recitam o ofício, quer em coro quer em comum, esforcem-se por desempenhar do modo mais perfeito possível a tarefa que lhes está confiada, tanto na disposição interior do espírito como na compostura exterior.

Além disso, é bom que se cante o Ofício Divino, tanto em coro como em comum, segundo a oportunidade.

A participação dos fiéis no Ofício Divino

100. Esforcem-se os pastores de almas a fim de que nos domingos e festas mais solenes se celebrem em comum na Igreja as horas principais, especialmente vésperas. Recomenda-se também aos leigos que recitem o Ofício Divino, quer juntamente com sacerdotes, quer reunidos entre si, e até cada um em particular.

---

98. O Ofício Divino dos membros de congregações religiosas não obrigadas ao coro: Este número quer mostrar o valor do Ofício Divino celebrado em parte, isto é, não integralmente, por membros de qualquer instituto de estado de perfeição, por força das Constituições. O Concílio garante que eles estão fazendo oração pública da Igreja, expressão jurídica usada

A língua no Ofício Divino

101. § 1. Conforme à tradição secular do rito latino, para os clérigos, seja conservada a língua latina no Ofício Divino. O Ordinário, porém, terá a faculdade de permitir o uso de uma tradução vernácula, segundo a norma do art. 36, em casos particulares, àqueles clérigos para os quais o uso da língua latina é um grave impedimento na recitação devida do ofício.

---

para dizer que estão realizando ação litúrgica através das diversas Horas. Finalmente reconhece como oração pública da Igreja, isto é, como oração litúrgica, os diversos Pequenos Ofícios. Isso por força das Constituições. Sentimos novamente uma compreensão jurídica da Igreja e da Liturgia das Horas. Aqui se pensa que pelas Constituições as pessoas são delegadas a participarem da oração comunitária da Igreja.

99. A recitação do Ofício em comum: A Liturgia das Horas é oração da Igreja e como toda ação litúrgica é, de *per se*, comunitária, da Igreja reunida em assembleia. Isso vale também para o Ofício Divino, voz da Igreja ou de todo o Corpo Místico que louva a Deus. Por isso, todos os clérigos, sobretudo os sacerdotes que convivem ou se reúnem, são exortados a celebrarem em comum alguma parte do Ofício Divino.

O Concílio não chegou a uma clareza sobre o conceito de público (oficial) e particular. Estamos novamente diante de uma compreensão jurídica e não teológica da Liturgia das Horas. Por um lado, insiste-se que a oração é pública; por outro, dá-se valor litúrgico ao Ofício rezado em particular ou privadamente. Insiste-se ainda que todos cumpram o mais perfeitamente possível o encargo a eles confiado, tanto na devoção interna da alma quanto na maneira externa de fazê-lo. Quando se compreende a Liturgia das Horas no seu sentido teológico de verdadeira oração, torna-se um

§ 2. Às monjas, como também aos membros quer homens não clérigos, quer mulheres, de Institutos dos estados de perfeição, pode ser concedido o uso da língua vernácula no Ofício Divino, também celebrado em coro, contanto que seja em versão aprovada.

---

pouco difícil justificar essa exortação. Finalmente, incentiva-se o uso do canto na Liturgia das Horas, seja em coro, seja em comum.

100. A participação dos fiéis no Ofício Divino: Trata-se, sem dúvida, de uma conquista do Concílio. Resgata-se a dignidade dos fiéis leigos no exercício do seu sacerdócio batismal. Pede-se que aos domingos e dias mais solenes as Horas principais sejam celebradas em comum na igreja com a participação dos fiéis em geral. Devolve-se aqui a Liturgia das Horas aos leigos. Até se recomenda que os fiéis leigos recitem o Ofício Divino com os sacerdotes ou reunidos entre si, e até cada um em particular. Resgata-se assim a prática da Liturgia das Horas dos primeiros séculos da Igreja. Se é oração da Igreja, então será realizada normalmente pelo clero, os religiosos e as religiosas e os fiéis leigos numa única assembleia sob a presidência do bispo. Foi assim nos primeiros séculos da Igreja.

Quando os fiéis não tiveram mais chance de participar do Ofício Divino por ter-se cristalizado nos mosteiros, colegiados, conventos, cabidos catedrais, os fiéis foram à procura de formas alternativas de oração, os piedosos exercícios ou exercícios de piedade como o Rosário, o Ângelus, a Via-Sacra, as Ladainhas, a Adoração do Santíssimo e assim por diante. Com o Concílio, os fiéis leigos são novamente convidados a beberem da Liturgia das Horas, fonte abundante de espiritualidade cristã.

101. A língua a ser usada na recitação do Ofício Divino: Insiste-se ainda no uso da língua latina na Liturgia das Horas para os clérigos. A posição do Concílio, quanto ao uso da língua latina, é bem elástica. Os Padres certamente tinham consciência

§ 3. Cumprem a sua obrigação de rezar o Ofício Divino os clérigos que o recitem em vernáculo com a assembleia dos fiéis ou com aqueles a que se refere o § 2, desde que o texto da versão seja aprovado.

---

da dificuldade de muitos membros do clero no uso da língua latina para a oração. Reconhecendo isso, o Concílio abre espaço amplo para o uso da língua vernácula com permissão do Ordinário. Reconhece-se a necessidade do uso da língua vernácula mesmo em coro para as monjas e os membros quer homens não clérigos, quer mulheres, de institutos de estados de perfeição. Finalmente, reconhece-se que todo clérigo obrigado ao Ofício Divino satisfaz sua obrigação, quando celebra em língua vernácula o Ofício Divino com a comunidade dos fiéis, contanto que o texto da versão seja aprovado. Estamos novamente diante de um resquício de legalismo litúrgico.

Felizmente, a reforma pós-conciliar superou esta compreensão da língua latina como língua oficial da Igreja e da Liturgia do Rito Romano, liberando o uso do vernáculo não só no Ofício Divino, mas em todas as expressões da Sagrada Liturgia.

Capítulo V
Ano litúrgico

O sentido do ano litúrgico

102. A santa mãe Igreja considera seu dever celebrar, em determinados dias do ano, a memória sagrada da obra de salvação do seu divino esposo. Em cada semana, no dia que ela chamou domingo, comemora a ressurreição do Senhor, como a celebra também uma vez por ano, unida à memória da sua paixão, na Páscoa, a maior das solenidades.

Revela todo o mistério de Cristo no decorrer do ano, desde a Encarnação e Nascimento até a Ascensão, ao Pentecostes, à expectativa da feliz esperança e da vinda do Senhor.

CAPÍTULO V – O ANO LITÚRGICO. O Capítulo V da *Sacrosanctum Concilium* trata do ano litúrgico. Leva à vivência do Mistério Pascal ou da Obra da Salvação em Cristo Jesus na experiência anual do tempo. Apresenta, primeiramente, em forma de proêmio (n. 102-105), a teologia e a espiritualidade do ano litúrgico e, em seguida (n. 106-111), propõe alguns pontos que devem merecer a atenção da reforma a ser realizada.

102. Natureza do ano litúrgico e elementos que o constituem: Na experiência pascal do tempo, a Igreja celebra com piedosa recordação a Obra Salvífica de seu divino Esposo. Primeiramente, na experiência do tempo lunar, que forma as

Com esta recordação dos mistérios da redenção, a Igreja oferece aos fiéis as riquezas das obras e merecimentos do seu Senhor, a ponto de os tornar como que presentes a todo tempo, para que os fiéis, sejam postos em contato com eles, e sejam repletos da graça da salvação.

103. Neste ciclo anual da celebração dos mistérios de Cristo, a santa Igreja venera com especial amor, e porque unida indissoluvelmente à obra de salvação do seu

---

semanas. Nesta experiência semanal do tempo, temos a celebração semanal da Páscoa, o Dia do Senhor, o domingo. A primeira expressão do ano litúrgico é o domingo, a soma de todos os domingos do ano.

E celebra a Obra da Salvação também solenemente uma vez por ano na solenidade máxima da Páscoa, juntamente com sua sagrada Paixão. Temos então a celebração semanal da Páscoa, o domingo, e a celebração anual da Páscoa, o Tríduo Pascal.

Mas, no decorrer do ano, a Igreja revela e vive comemorando-o, todo o mistério de Cristo, desde a Encarnação e Natividade até a Ascensão, o dia de Pentecostes e a expectação da feliz esperança e vinda do Senhor.

O último parágrafo deste número reconhece a sacramentalidade do ano litúrgico. A celebração dos mistérios de Cristo durante o ano apresenta uma eficácia da graça: "Com esta recordação dos mistérios da redenção, a Igreja oferece aos fiéis as riquezas das obras e merecimentos do seu Senhor, a ponto de os tornar como que presentes a todo tempo, para que os fiéis sejam postos em contato com eles, e sejam repletos da graça da salvação". Temos aqui caracterizada a espiritualidade do ano litúrgico.

103. Destaque para a memória da Virgem Maria: A Virgem Maria, Mãe de Deus, ocupa um lugar de destaque no ano

Filho, a bem-aventurada virgem Maria, Mãe de Deus, em quem vê e exalta o mais excelso fruto da redenção, e em quem contempla, como em puríssima imagem, tudo o que ela deseja e espera com alegria ser.

104. A Igreja inseriu também no ciclo anual a memória dos mártires e outros santos, os quais, tendo pela graça multiforme de Deus atingido a perfeição e alcançado a salvação eterna, cantam hoje a Deus no céu o louvor perfeito e intercedem por nós.

Ao celebrar o *dies natalis* ("dia da morte") dos santos, proclama o Mistério Pascal realizado neles que

---

litúrgico por causa de sua íntima união com a obra salvífica de seu Filho. Particularmente, dois aspectos devem ser considerados no culto litúrgico a Maria, que, no fundo, constitui um culto a Deus. Em Maria a Igreja cultua a Deus. Nela, a Igreja contempla os mistérios de Cristo e dá graças a Deus pelas maravilhas operadas em Maria, realizando a profecia de Maria: "Eis que de agora em diante me chamarão bem-aventurada todas as gerações, porque o Poderoso fez por mim grandes coisas: O seu nome é santo" (Lc 1,48-49). A Virgem Maria aparece como modelo a ser imitado, como puríssima imagem daquilo que a própria Igreja deseja e espera.

104. Os demais santos e santas no culto da Igreja durante o ano litúrgico: Primeiramente, diz-se que são os mártires e outros santos de quem a Igreja faz memória no decorrer do ano. Eles já nos precederam na glória porque foram conduzidos à perfeição pela multiforme graça de Deus e recompensados com a salvação eterna. Eles cantam o perfeito louvor de Deus e intercedem em nosso favor.

Aparecem claramente os aspectos do culto dos santos. Nos natalícios dos santos a Igreja prega o Mistério Pascal vivido pelos santos. Em outras palavras, rende graças a Deus, admirável nos

sofreram com Cristo e com ele são glorificados; propõe aos fiéis os seus exemplos, que conduzem os homens ao Pai por Cristo, e implora pelos seus méritos os benefícios de Deus.

105. Enfim, em várias épocas do ano e seguindo o uso tradicional, a Igreja completa a formação dos fiéis servindo-se de piedosas práticas corporais e espirituais, da instrução, da oração e das obras de penitência e caridade. Por isso aprouve ao sagrado Concílio determinar o que segue.

---

seus santos. A Igreja propõe seus exemplos aos fiéis, quer dizer, os santos aparecem como exemplos de vida segundo o Evangelho, como testemunhas de Cristo. Cada santo revela algum aspecto do mistério de Cristo e da Igreja e conduz a Cristo, levando os fiéis a viverem o Mistério Pascal como Igreja. O terceiro aspecto é a intercessão dos santos: por seus méritos impetram os benefícios de Deus em favor dos que ainda peregrinam neste mundo.

105. Outros exercícios de piedade no decurso do ano litúrgico: Os diversos mistérios de Cristo celebrados durante o ano estão como que envolvidos por certos desdobramentos conforme instituições tradicionais. Por estas práticas consagradas pela tradição, a Igreja procura aperfeiçoar a formação dos fiéis através de piedosos exercícios da alma e do corpo, da instrução, da prática da oração e das obras de penitência e misericórdia.

Pensamos aqui, por exemplo, nos exercícios da Quaresma da oração, do jejum e da esmola, na espiritualidade do Advento; no repouso dominical, na prática da solidariedade e da fraternidade. A celebração dos mistérios de Cristo durante o ano leva a Igreja a viver o Mistério Pascal no dia a dia, num permanente processo de conversão.

O Concílio reconhece, então, a necessidade de proceder a uma revisão nos elementos expressivos do ano litúrgico para obter

Revalorização do domingo

106. Por tradição apostólica que tem sua origem do dia mesmo da ressurreição de Cristo, a Igreja celebra cada oitavo dia o Mistério Pascal, naquele que se chama justamente dia do Senhor ou domingo. Neste dia, pois, devem os fiéis reunir-se em assembleia para ouvirem a Palavra de Deus e participarem da Eucaristia, e assim recordarem a paixão, ressurreição e glória do Senhor Jesus e darem graças a Deus, que os "gerou de novo pela ressurreição de Jesus Cristo dentre os mortos para uma esperança viva" (1Pd 1,3). O domingo é, pois, o principal dia de festa que deve ser lembrado e inculcado à piedade dos fiéis: seja também o dia da alegria e da abstenção do trabalho. As outras celebrações não lhe sejam antepostas, a não ser as de máxima importância, porque o domingo é o fundamento e o núcleo do ano litúrgico.

Sacrosanctum Concilium

---

sua eficácia. Os pontos a serem revistos e reformados estão nos números 106 a 111.

106. O domingo: O número 106 apresenta o grande valor da celebração do domingo, o Dia do Senhor, a Páscoa Semanal. O domingo constitui o núcleo elementar do ano litúrgico. A tradição apostólica tem sua origem do dia da Ressurreição de Cristo. A Igreja celebra cada oitavo dia, o primeiro da semana, o Mistério Pascal. O domingo, o Dia do Senhor, reúne os cristãos para ouvirem a Palavra de Deus e participarem da Eucaristia, lembrarem a Paixão, Ressurreição e Glória do Senhor Jesus e darem graças a Deus. Por isso, o domingo é denominado como festa primordial, dia de ação de graças, dia de descanso do trabalho e de alegria. Pelo fato de ser o fundamento e o núcleo do ano litúrgico, o domingo deve ser respeitado e não deve ser ocupado

Revisão do ano litúrgico

107. Reveja-se o ano litúrgico de tal modo que, conservando-se ou reintegrando-se os costumes e regulamentações tradicionais dos tempos litúrgicos, segundo o permitirem as circunstâncias de hoje, mantenha o seu caráter original para alimentar devidamente a piedade dos fiéis com a celebração dos mistérios da redenção cristã, sobretudo do Mistério Pascal. Se acaso forem necessárias adaptações aos vários lugares, façam-se segundo os arts. 39 e 40.

108. Oriente-se o espírito dos fiéis em primeiro lugar para as festas do Senhor, nas quais, durante o ano,

---

por outras celebrações, a não ser que realmente sejam de máxima importância.

Infelizmente, existe sempre de novo a tendência de se ocupar o domingo com outras celebrações, apesar dos apelos e ensinamentos da Igreja, como é o caso da Carta Apostólica *Dies Domini*, do Papa João Paulo II, sobre a santificação do Domingo.

107. Reforma do ano litúrgico em geral: O ano litúrgico como tal também deve ser revisto, considerando-se os pontos seguintes: que se adaptem à nossa época as tradições e normas dos tempos sagrados, de modo que o ano litúrgico possa alimentar devidamente a piedade dos fiéis nas celebrações dos mistérios da Redenção. Importante é que se garanta a centralidade do Mistério Pascal.

108. O Próprio do Tempo: O Próprio do Tempo obtenha seu devido lugar acima das festas dos santos, para que assim os fiéis sejam levados a dar atenção em primeiro lugar às festas do Senhor, nas quais se celebram, durante o ano, os mistérios da salvação. O ciclo integral dos mistérios da salvação seja convenientemente recordado.

celebram-se os mistérios da salvação. Por isso, para que o ciclo destes mistérios possa ser celebrado no modo devido e na sua totalidade, dê-se ao Próprio do Tempo o lugar que lhe convém, de precedência sobre as festas dos santos.

A Quaresma

109. Coloquem-se em maior realce, tanto na Liturgia como na catequese litúrgica, os dois aspectos característicos do tempo quaresmal, que pretende, sobretudo através da recordação do Batismo ou sua preparação e por meio da penitência, preparar os fiéis para a celebração do Mistério Pascal, ouvindo com mais frequência a Palavra de Deus e entregando-se à oração com mais insistência. Por isso:

---

109. O tempo quaresmal: Um elemento do Próprio do Tempo, a Quaresma, recebe uma atenção especial. Curiosamente não receberam atenção semelhante o tempo do Advento e da Páscoa.

Dois números tratam da Quaresma. No número 109 se quer realçar mais a natureza da Quaresma. Tanto na Liturgia como na catequese seja realçada a dupla índole da Quaresma: a índole batismal e a índole penitencial. Que sob estes dois aspectos a Quaresma seja realmente uma preparação para a celebração do Mistério Pascal. O Concílio pede, então, que se utilizem com mais abundância os elementos batismais próprios da Liturgia da Quaresma, bem como os elementos penitenciais. Na catequese se realcem as consequências sociais do pecado e a natureza própria da penitência. Incentive-se ainda a oração da Igreja pelos pecadores. Os principais meios para isso são a escuta mais abundante da Palavra e a dedicação mais intensa à prática da oração.

a) Utilizem-se com mais abundância os elementos batismais próprios da Liturgia quaresmal; e, para isso, retomem-se elementos da tradição anterior, se parecer oportuno;

b) O mesmo se diga dos elementos penitenciais. Quanto à catequese, inculque-se no espírito dos fiéis, juntamente com as consequências sociais do pecado, a natureza própria da penitência, que detesta o pecado como ofensa feita a Deus; e na ação penitencial não se esqueça a parte da Igreja, nem se deixe de recomendar a oração pelos pecadores.

110. A penitência do tempo quaresmal não seja somente interna e individual, mas também externa e social. Estimule-se a prática da penitência, segundo as possibilidades do nosso tempo, e das diversas regiões, como também segundo as condições dos fiéis, e seja recomendada pelas autoridades de acordo com o que se fala no art. 22.

---

110. Restauração da praxe da penitência quaresmal: Tradicionalmente, a oração, o jejum e a esmola são tidos como a observância quaresmal, exercícios de conversão evangélica. A conversão evangélica consiste em deixar o mal e fazer o bem ou na busca e cultivo do bem, de Deus. A questão é o espírito da penitência. Por isso, o número 110 insiste que a penitência do tempo quaresmal não seja somente interna e individual, mas também externa e social.

O problema consiste em redescobrir o sentido autêntico de penitência conforme a Bíblia. Penitência é mudança de vida, penitência é sinônimo de conversão evangélica. Infelizmente, a compreensão de penitência adquiriu um sentido meramente negativo de renúncia, de mortificação. Este aspecto existe, mas é preciso

Mantenha-se religiosamente o jejum pascal, que se deve observar na Sexta-Feira da Paixão e Morte do Senhor, e, se for oportuno, também no Sábado Santo, a fim de que se chegue com o espírito livre e aberto às alegrias do domingo da ressurreição.

As festas dos santos

111. A Igreja, segundo a tradição, venera os santos e as suas relíquias autênticas, bem como as suas imagens. Pois as festas dos santos proclamam as grandes obras

---

ultrapassá-lo. A penitência como conversão evangélica consiste em cultivar permanentemente o bem, viver o novo mandamento, buscar o amor de Deus e do próximo.

Hoje se deveria pensar na prática da penitência como a compreendeu São Leão Magno: Oração, o maior exercício da penitência. Viver como filhos e filhas de Deus. O jejum, nossa relação com o mundo criado, como senhores e senhoras da criação, e não como escravos. Mas o que seria o jejum no nosso tempo? Gostaria de acentuar o jejum dos sentidos, não só do paladar. Esvaziar-nos de todos os ruídos dos sentidos, para dar espaço ao bem, ao amor a Deus, ao próximo e a todo o criado. O terceiro elemento da prática da penitência é a esmola. Trata-se de nossa relação com o próximo, trata-se da solidariedade, do amor, da partilha dos bens. Fato é que a sociedade hodierna carece da prática da penitência, da renúncia ao mal e da adesão total ao bem.

Aqui podemos lembrar a Constituição Apostólica *Paenitemini* sobre a "Disciplina Eclesiástica Penitencial", de Paulo VI. Ela orienta a Igreja na vida de penitência nos nossos dias.

111. O culto dos santos: Antes do Concílio, o calendário era sobrecarregado pelas comemorações e festas dos santos. Como anteriormente já foi dito que o centro do ano litúrgico seja

de Cristo nos seus servos e oferecem aos fiéis os bons exemplos a serem imitados.

Para que as festas dos santos não prevaleçam sobre as festas que recordam os mistérios da salvação, muitas delas sejam celebradas só por uma Igreja particular ou nação ou família religiosa, estendendo-se apenas à Igreja universal as que festejam santos de inegável importância universal.

---

a celebração dos mistérios de Cristo, o Concílio não poderia deixar de dizer uma palavra sobre o culto dos santos. Afirma, primeiramente, o seu sentido. As festas dos santos proclamam as maravilhas de Cristo operadas em seus servos e mostram aos fiéis os exemplos oportunos a serem imitados. Mas que as festas dos santos não prevaleçam sobre as que recordam os mistérios da salvação. Que sejam estendidas à Igreja universal somente aquelas que comemoram os santos que manifestam de fato importância universal. Outros santos sejam deixados à comemoração de Igrejas particulares, a nações diversas, bem como às diversas famílias religiosas.

Tudo isso foi devidamente regulamentado pela Carta Apostólica de Paulo VI, dada a *motu proprio*, aprovando as normas universais do ano litúrgico e o novo calendário romano geral, de 1969.

Capítulo VI
A música sacra

Dignidade da música sacra

112. A tradição musical de toda a Igreja é um tesouro de inestimável valor, que se sobressai entre todas as outras expressões de arte, sobretudo porque o canto sagrado, intimamente unido com o texto, constitui parte necessária ou integrante da Liturgia solene.

O canto sacro foi enaltecido quer pela Sagrada Escritura,[1] quer pelos santos Padres e pelos romanos Pontífices, que recentemente, a começar por São Pio

---

[1] Cf. Ef 5,19; Cl 3,16.

CAPÍTULO VI – A MÚSICA SACRA. O capítulo VI trata da arte do som na Liturgia. Desde o Movimento Litúrgico, a música, sobretudo, o canto gregoriano, foi objeto de atenção por parte do Magistério da Igreja. O Papa São Pio X procurou restaurar o canto gregoriano na Liturgia, sobretudo na Missa e na Liturgia das Horas. Mesmo assim o Concílio debruçou-se sobre a música sacra, dedicando-lhe o capítulo VI da *Sacrosanctum Concilium* (n. 112 a 121).

112. Importância e função da música na Liturgia cristã: O número 112 realça a natureza e a importância da música na Sagrada Liturgia. O canto sempre foi valorizado na Igreja. Com maior dificuldade foram introduzidos instrumentos que eram muito usados de modo lascivo nos cultos pagãos.

X, salientaram, com insistência, a função ministerial da música sacra no culto divino.

Por esse motivo, a música sacra será tanto mais santa quanto mais intimamente estiver unida à ação litúrgica, quer como expressão mais suave da oração, quer favorecendo a unanimidade, quer, enfim, dando maior solenidade aos ritos sagrados. A Igreja, porém, aprova e admite no culto divino todas as formas de verdadeira arte, dotadas das qualidades devidas.

O Concílio qualifica a tradição musical da Igreja positivamente sob vários aspectos:

- Ela constitui um tesouro de inestimável valor.

- Entre as demais expressões da arte ela ocupa lugar proeminente.

- O canto sacro que se acomoda às palavras faz parte necessária ou integrante da Liturgia solene. Esta é uma afirmação muito importante: O canto sacro faz parte integrante da Liturgia solene. Porém, hoje, além de canto sacro, fala-se em canto litúrgico. O canto sacro é mais amplo e vai além da ação litúrgica cantada.

O canto sacro foi objeto de louvores pela própria Sagrada Escritura, pelos Santos Padres e pelos Romanos Pontífices. Estes, a começar por São Pio X, definiram mais claramente a função ministerial da música sacra no culto do Senhor. Quando se fala de música sacra, estão incluídos o canto e a música instrumental.

Em seguida, a Constituição mostra donde a música sacra haure sua sacralidade ou santidade: Isto acontece quanto mais intimamente ela estiver ligada à ação litúrgica, expressando mais suavemente o texto da oração, favorecendo a unanimidade e dando mais solenidade aos ritos sagrados.

Em se tratando de música em função da Liturgia, é importante lembrar que a Igreja aprova e admite no culto divino todas

Portanto, o sagrado Concílio, mantendo as normas e determinações da tradição e disciplina da Igreja, e não perdendo de vista o fim da música sacra, que é a glória de Deus e a santificação dos fiéis, estabelece o seguinte.

A Liturgia solene

113. Os atos litúrgicos revestem-se de forma mais nobre quando os ofícios divinos são celebrados solenemente com canto, com a presença dos ministros sacros e com a participação ativa do povo.

Quanto à língua a ser usada, observe-se o art. 36; quanto à Missa, o art. 54; aos sacramentos, o art. 63, e ao Ofício Divino, o art. 101.

---

as formas de verdadeira arte, contanto que estejam dotadas das devidas qualidades, isto é, que sejam capazes de elevar os corações a Deus em oração.

Atendendo à finalidade da música sacra, que é a glória de Deus e a santificação dos homens, o Concílio estabelece algumas normas para o cultivo da música sacra na Liturgia.

113. A Liturgia solene: A Liturgia solene ocupa lugar de proeminência. Cultive-se na Igreja uma ação litúrgica com canto, tanto da parte dos ministros como do povo. Embora se deva valorizar o canto gregoriano em latim, abre-se espaço também para o canto em língua vernácula. Sentimos aqui uma mudança de terminologia. Antes do Concílio, qualificavam-se as Missas como Missa solene, Missa cantada e Missa rezada. Na Missa solene tudo devia ser cantado. A Instrução Geral sobre o Missal Romano usa uma nova terminologia. Missa com mais canto ou menos canto. O termo apropriado hoje seria: Missa mais ou menos festiva, Missa com mais ou menos canto.

114. O tesouro da música sacra seja conservado e favorecido com suma diligência. Promovam-se com empenho, sobretudo nas igrejas catedrais, as *scholae cantorum*. Procurem os bispos e demais pastores de almas que a assembleia dos fiéis possa prestar sua participação ativa nas funções sagradas que se celebram com canto, de acordo com as normas dos arts. 28 e 30.

Formação musical

115. Dê-se grande importância à formação e prática musical nos seminários, noviciados e casas de estudo de religiosos de ambos os sexos, bem como nos outros institutos e escolas católicas; para adquirir tal

---

114. O cultivo do tesouro da música sacra, sem que os fiéis sejam excluídos: Importa cultivar as diversas formas da música sacra na Igreja. Sejam incentivados os corais chamados *scholae cantorum* ou grupos de cantores, principalmente nas igrejas catedrais. Estes corais cantam em geral a mais vozes, seja em latim, seja em vernáculo. Mas os bispos e demais pastores de almas cuidem que em todas as sagradas funções realizadas com canto toda a comunidade dos fiéis possa oferecer a participação que lhe é própria. Isto quer dizer que os corais não se devem apropriar de todo o canto da celebração, deixando os fiéis como meros ouvintes. Claro que os fiéis participam de certas partes da celebração ouvindo o canto executado pelo coral. É importante que na atuação dos corais na celebração da Missa, por exemplo, o Ordinário seja cantado em diálogo entre os ministros e os fiéis.

115. Formação musical: Nota-se uma insistência muito grande sobre a necessidade de formação e da prática musical nos seminários, nos noviciados dos religiosos e nas casas de estudos de ambos os sexos, e nos demais institutos e escolas católicas.

formação, os mestres indicados para ensinar música sacra sejam cuidadosamente preparados.

Recomenda-se a fundação, segundo as oportunidades, de Institutos superiores de música sacra.

Os músicos, os cantores e principalmente as crianças devem receber também uma verdadeira formação litúrgica.

Canto gregoriano e polifônico

116. A Igreja reconhece como canto próprio da Liturgia romana o canto gregoriano; portanto, na ação litúrgica, ocupa o primeiro lugar entre seus similares.

Os outros gêneros de música sacra, especialmente a polifonia, não são absolutamente excluídos da celebração dos ofícios divinos, desde que se harmonizem com o espírito da ação litúrgica, de acordo com o art. 30.

Para isso, é necessário que se preparem mestres formados em música sacra. Apesar de todas as recomendações do Magistério, mesmo após o Concílio, pouco se fez neste campo da formação em música sacra. Pelo contrário, ao menos no Brasil, abandonou-se a prática que havia. Neste campo a Igreja terá que recuperar o terreno perdido.

No momento há uma retomada de interesse neste campo por parte da CNBB. Lembramos o Curso de Formação em música sacra, o CELMU (Curso de Formação e Atualização Litúrgico-Musical), que funciona no Seminário de Santo Antônio em Agudos, SP. Falta também uma genuína formação litúrgica aos compositores, aos cantores e principalmente aos meninos cantores, conforme se pede no número 115.

116. O canto gregoriano e o canto polifônico: Aqui se reconhece que o canto gregoriano é o canto próprio da Liturgia

117. Seja completada a edição típica dos livros de canto gregoriano; e prepare-se uma edição mais crítica dos livros já editados depois da reforma de São Pio X.

Convirá preparar uma edição com melodias mais simples para uso das igrejas menores.

---

romana. Portanto, em igualdade de condições, ocupa o primeiro lugar nas ações litúrgicas.

O canto gregoriano é certamente um grande tesouro da Igreja. Canto intimamente ligado ao texto, uníssono, e com uma singular capacidade de elevar os corações e as mentes em oração a Deus. Por outro lado, está intimamente ligado ao texto latino. Por isso, o canto gregoriano nunca foi popular, tornando-se quase exclusivo dos coros dos cabidos catedrais, dos monges e de ordens religiosas. Daí a dificuldade de o povo em geral cantar a Missa em canto gregoriano.

No fundo, o Concílio reconhece tal dificuldade. Por isso abre o leque dos gêneros de canto da Sagrada Liturgia. Temos o incentivo de outros gêneros de música sacra, especialmente da polifonia. Aceita e aprova também o canto religioso popular, não só para cantar nos exercícios de piedade, mas também nas ações litúrgicas (n. 118).

Ao menos no Brasil, de fato o canto gregoriano foi praticamente abandonado. Felizmente permanece em mosteiros beneditinos. Existem alguns corais que cantam em alguma Missa. É pena! O canto gregoriano poderia ser mais cultivado em suas expressões simples, como as partes comuns da Missa, Kyrie, Gloria, Credo, Sanctus, Agnus Dei, o Pai-nosso. Tudo isso, porém, exige preparação e bastante ensaio.

117. Edições típicas de livros de canto gregoriano: Com São Pio X, havia-se começado a restauração do canto gregoriano com edições críticas de livros do canto. Grande foi o

Cantos religiosos populares

118. O canto popular religioso seja incentivado com empenho, de modo que os fiéis possam cantar nos piedosos e sagrados exercícios e nas próprias ações litúrgicas, de acordo com as normas e prescrições das rubricas.

A música sacra nas missões

119. Em certas regiões, sobretudo nas missões, há povos com tradição musical própria, a qual tem excepcional importância na sua vida religiosa e social. Estime-se como se deve e dê-se-lhe o lugar que lhe compete,

---

trabalho dos monges beneditinos de Solesmes, na França. Agora se pede que o trabalho da edição típica de canto gregoriano seja completado. Pede-se ainda que se prepare uma edição contendo músicas mais simples para o uso de igrejas menores. Já em 1967 foi publicado, com aprovação da Sagrada Congregação dos Ritos, o *Graduale Simplex in usum Minorum Ecclesiarum*. Ele saiu antes da reforma do calendário do Missal Romano e da Liturgia das Horas. Por isso, não contempla o ano litúrgico reformado. Em 1974 foi publicado, com aprovação da Sagrada Congregação do Culto Divino, o *Graduale Sacrosanctae Romanae Ecclesiae. De Tempore et de Sanctis.* Também aqui é de se lamentar o pouco uso feito destes livros de canto gregoriano.

119. A música sacra em terras de missão: Em certas regiões, principalmente em terras de Missão, há povos e culturas com tradição musical própria. Dê-se a esta música o devido apreço e lugar conveniente no culto cristão. Trata-se aqui de adaptar a expressão litúrgica às diversas culturas. Para que se possa dar o devido valor à música religiosa e usá-la na catequese e no culto é importante a formação sobre música sacra e canto litúrgico dos missionários.

tanto na educação do sentido religioso desses povos como na adaptação do culto à sua mentalidade, segundo os arts. 39 e 40.

Por isso, procure-se, cuidadosamente, que na sua formação musical, os missionários sejam aptos, na medida do possível, para promover a música tradicional dos nativos tanto nas escolas, como nas ações sagradas.

O órgão e os instrumentos musicais

120. Tenha-se em grande apreço, na Igreja latina, o órgão de tubos, instrumento musical tradicional e cujo som é capaz de trazer às cerimônias do culto um esplendor extraordinário e elevar poderosamente o espírito para Deus e as realidades supremas.

No culto divino podem ser utilizados outros instrumentos, segundo o parecer e o consentimento da

---

120. Instrumentos musicais: Os instrumentos musicais só entraram tardiamente no culto cristão. Não assim o canto que, porém, não era acompanhado por instrumentos. Em si, nenhum instrumento é excluído do culto. Tudo depende do modo de ser tocado. Há um instrumento aceito por toda a Igreja, o órgão de tubos. Outros podem ser admitidos ao culto divino, a juízo e com o consentimento da autoridade territorial competente, contanto que sejam adequados ao uso sacro ou possam a ele se adaptar, condigam com a dignidade do templo e favoreçam realmente a edificação dos fiéis. O instrumento, qualquer que seja, não deve abafar o texto e a melodia, mas apoiá-los, de tal modo que ajude à devoção. O instrumento também pode ser usado como solo em momentos de meditação ou acompanhando certos ritos. Os instrumentos devem calar-se enquanto o presidente ou um ministro estiver com a palavra.

autoridade territorial competente, conforme o estabelecido nos arts. 22 § 2, 37 e 40, contanto que esses
instrumentos sejam adequados ao uso sacro, ou possam a ele se adaptar, condigam com a dignidade do
templo e favoreçam realmente a edificação dos fiéis.

Missão dos compositores

121. Os compositores, imbuídos do espírito cristão, compreendam que foram chamados para cultivar a música sacra e para aumentar-lhe o patrimônio.

Que as suas composições se apresentem com as características da verdadeira música sacra, e possam ser
cantadas não só pelos grandes coros, mas se adaptem

---

121. A formação dos compositores e dos letristas: A
Igreja se interessa e se preocupa com a formação daqueles artistas
que são chamados a cultivar a música sacra como compositores e
letristas. Os compositores devem estar imbuídos do espírito cristão. Componham melodias que apresentem as características da
verdadeira música sacra. E que as composições possam ser cantadas não só por grandes coros, mas estejam ao alcance dos mo-
destos e favoreçam a participação de toda a comunidade dos fiéis.

Os que criam novos textos para cantos sacros devem ser fiéis
à doutrina católica e que tenham como fontes de inspiração a Sagrada Escritura e as fontes litúrgicas. Os cantos na Liturgia têm as
características de toda a expressão litúrgica. São cantos memoriais
dos mistérios celebrados.

Até hoje estamos diante de um sério impasse. A Instrução
Geral sobre o Missal Romano permite substituir as antífonas de
entrada e de comunhão por "outro canto condizente com a ação
sagrada e com a índole do dia ou do tempo, cujo texto tenha
sido aprovado pela Conferência dos Bispos" (cf. IGMR, n. 48).

também aos pequenos e favoreçam uma ativa participação de toda a assembleia dos fiéis.

Os textos destinados ao canto sacro devem estar de acordo com a doutrina católica e inspirar-se sobretudo na Sagrada Escritura e nas fontes litúrgicas.

Acontece que por falta de formação litúrgica dos letristas, dos compositores e dos responsáveis pelo canto, usam-se muitos cantos que não têm nada a ver com os mistérios celebrados. A Sé Apostólica está procedendo à tentativa de apreço e aprovação de todos os textos dos cantos usados na Sagrada Liturgia, já que as Conferências dos Bispos em geral não estão cumprindo com esta obrigação. Trata-se de garantir a ortodoxia de tais textos, pois a Liturgia celebra a fé católica. Sou de opinião de que é preciso que haja tal aprovação, mas creio que poderia ser feito por alguma Comissão de Bispos da Conferência, sem abafar a criatividade dos letristas e compositores.

Capítulo VII
Arte sacra e alfaias litúrgicas

Dignidade da arte sacra

122. Entre as mais nobres atividades do espírito humano estão, de pleno direito, as artes liberais, e muito especialmente a arte religiosa e o seu mais alto cimo, que é a arte sacra. Elas espelham, por natureza, a infinita beleza de Deus a ser expressa por certa forma pelas obras humanas, e estarão mais orientadas para

CAPÍTULO VII – A ARTE SACRA E AS SAGRADAS ALFAIAS. Como nos demais capítulos, também neste último o documento conciliar sobre a Sagrada Liturgia apresenta primeiramente uma consideração sobre a natureza da arte sacra e das sagradas alfaias para, em seguida, traçar algumas normas sobre o seu uso nas Sagradas Funções. O documento trata da arte da cor, sobretudo do lugar das artes plásticas e da arquitetura a serviço da Sagrada Liturgia.

122. A dignidade da arte sacra: Em forma de proêmio do Capítulo VII, o número 122 fala da dignidade da arte sacra, bem como das sagradas alfaias. Toda a temática das belas artes na Liturgia tem a ver com o sagrado, com o religioso, o cristão, o litúrgico.

A arte é considerada cristã quando seu objetivo é extraído da fé cristã. A arte em si é a expressão do belo, do divino. Na Liturgia, a arte, em suas mais diversas expressões, como a pintura, os

o louvor e glória de Deus se não tiverem outro fim senão o de conduzir piamente e o mais eficazmente possível, através das suas obras, o espírito do homem para Deus.

É esta a razão por que a santa mãe Igreja amou sempre as artes liberais, formou artistas e nunca deixou de procurar o contributo delas, especialmente para fazer com que os objetos atinentes ao culto fossem dignos, decorosos e belos, verdadeiros sinais e símbolos do sobrenatural. A Igreja julgou-se sempre no direito de ser como que o seu árbitro, escolhendo entre as obras dos artistas as que estavam de acordo com a fé, a piedade e as orientações veneráveis da tradição e que melhor pudessem servir ao culto.

A Igreja preocupou-se com muita solicitude para que as alfaias sagradas contribuíssem para a dignidade e beleza do culto, aceitando no decorrer do tempo, na matéria, na forma e na ornamentação, as mudanças que o progresso técnico foi introduzindo.

Por isso, pareceu bem aos Padres determinar acerca destas coisas o que segue.

---

mosaicos, os vitrais, os azulejos, a escultura e a arquitetura, constituem sinais litúrgicos, sinais simbólicos dos mistérios celebrados. São sinais sensíveis e significativos do sacerdócio de Cristo exercido principalmente no Mistério Pascal de sua morte e ressurreição. Os sinais da arte fazem parte e constituem ritos comemorativos.

O número 122, em forma de proêmio para o Capítulo VII, coloca as belas artes entre as mais nobres atividades do espírito humano. Esta arte pode ser religiosa e pode ser sacra e, hoje, acrescentamos, pode ser litúrgica por fazer parte da ação litúrgica. Por sua própria natureza as artes estão relacionadas com a

Liberdade de estilos artísticos

123. A Igreja nunca considerou seu nenhum estilo de arte, mas aceitou os estilos de todas as épocas, segundo a índole e condição dos povos e as exigências dos vários ritos, criando assim no decorrer dos séculos um tesouro artístico que deve ser conservado cuidadosamente. Também em nossos dias e em todos os povos e regiões a arte goze de livre exercício na Igreja,

---

infinita beleza de Deus. Por isso mesmo, elas podem dedicar-se a Deus, a seu louvor e à exaltação de sua glória, bem como contribuir na sincera conversão dos corações humanos a Deus.

Por essas razões a Igreja sempre foi amiga das belas artes. Durante a história procurou sempre o nobre ministério das belas artes, instruiu os artífices para que os objetos pertencentes ao culto divino fossem dignos, decentes e belos, sinais e símbolos das coisas do alto. Contudo, nem toda arte é própria para a Sagrada Liturgia. Inclusive a arte pode ser sacra, por expressar o sagrado, o divino, o absoluto, mas não é necessariamente litúrgica. Por isso, a Igreja sempre procurou distinguir, dentre as obras de arte, quais convinham à fé, à piedade. Inclusive considerou-se juiz sobre elas, definindo quais eram consentâneas ao uso sagrado ou litúrgico.

A Igreja deu atenção especial às sagradas alfaias para que elas servissem digna e belamente ao decoro do culto. As sagradas alfaias são o conjunto dos objetos utilizados na celebração litúrgica: vestes ou paramentos, ornamentos, vasos, toalhas, utensílios e outros mais.

A partir da compreensão da importância da arte na Sagrada Liturgia, os Padres conciliares resolveram propor à consideração e à prática alguns pontos como se pode ver em seguida.

123. A Igreja admite todos os estilos de arte: Desde os primeiros séculos, a Igreja sempre acolheu as particularidades

contanto que sirva com a devida reverência e a devida honra às exigências dos ritos e edifícios sagrados. Assim poderá ela unir a sua voz ao admirável cântico de glória que os grandes homens elevaram à fé católica nos séculos passados.

124. Cuidem os Ordinários que, promovendo e incentivando a arte verdadeiramente sacra, visem antes à nobre beleza que à mera suntuosidade. Aplique-se isto também às vestes e ornamentos sagrados.

Tenham os bispos todo o cuidado em retirar da casa de Deus e de outros lugares sagrados aquelas obras de arte que repugnam à fé e aos costumes, à piedade cristã e ofendem o verdadeiro senso religioso quer

---

artísticas de cada época conforme a índole dos povos e as condições e necessidades dos vários ritos. Assim, ela criou no decurso dos séculos um tesouro artístico digno de ser cuidadosamente conservado. Como a Igreja nunca considerou seu nenhum estilo de arte, também em nossos dias, e em todos os povos e regiões, a arte goze de livre exercício na Igreja, sob a condição de que, com a devida reverência e honra, ela sirva aos sagrados templos e às cerimônias sacras. Na Liturgia ela deverá servir à glória de Deus e à santificação dos homens.

124. A liberdade artística controlada por sua finalidade: Os Ordinários cuidem que na promoção e no incentivo da arte sacra se vise antes à nobre beleza do que à mera suntuosidade. Isso vale também para as vestes sacras e os ornamentos. Portanto, nada de luxo e de suntuosidade, mas o cultivo da nobre beleza.

Obras de arte que repugnam à fé e aos costumes, à piedade cristã ou que ofendam o verdadeiro senso religioso sejam cuidadosamente retiradas das casas de Deus e dos demais lugares sagrados.

pela deturpação das formas, quer pela insuficiência, mediocridade e simulação da arte.

Na construção de Igrejas tenha-se grande cuidado para que sejam funcionais quer para a celebração das ações litúrgicas, quer para obter a participação ativa dos fiéis.

125. Mantenha-se o uso de expor imagens nas igrejas à veneração dos fiéis. Sejam no entanto em número comedido e na ordem devida, para que não causem

---

O terceiro parágrafo é dedicado às igrejas. Que os espaços celebrativos, as casas da Igreja sejam funcionais para o desdobramento dos ritos e a participação ativa dos fiéis. Na construção de novas igrejas não é difícil observar esses critérios. Mas para conseguir bons resultados será preciso que o coordenador da construção associe a si uma equipe, onde estarão colaborando o arquiteto, com formação em arte sacra, o paisagista, os engenheiros de som e de circulação de ar, o liturgista e o engenheiro executor da obra.

Mais difícil é a questão de reformas de igrejas antigas adaptando-as às exigências da Liturgia reformada. Aí cada caso deve ser estudado por uma equipe composta ao menos do sacerdote interessado pela reforma, o arquiteto, o liturgista, o decorador e o engenheiro executor da obra. Neste ponto estão se cometendo graves crimes contra a arte.

125. Imagens nas igrejas: A veneração das sagradas imagens pelos fiéis é costume que se deve manter. A tendência que vinha já do Movimento Litúrgico que, com razão, realçava a centralidade de Cristo e do Mistério Pascal na Liturgia, de diminuir ou até eliminar as imagens de santos no espaço das igrejas, apesar da recomendação contrária do Concílio, acentuou-se nos primeiros anos após o Concílio. Caiu-se numa verdadeira iconoclastia.

admiração ao povo cristão nem favoreçam devoções menos corretas.

126. No julgamento das obras de arte, os Ordinários do lugar ouçam o parecer da Comissão de arte sacra e de outras pessoas particularmente competentes; se for o caso, outros eminentes peritos, bem como as Comissões de que falam os arts. 44, 45, 46.

Dentro de uma tradição religiosa como a brasileira em que se acentua o culto dos santos e particularmente de Nossa Senhora, tal atitude foi chocante. Aos poucos está se retornando ao equilíbrio desejado pelo Concílio: Haja equilíbrio quanto ao número; sejam corretamente dispostas, de tal modo que o Cristo e seus símbolos tenham prioridade. Seguem-se na ordem as imagens dos padroeiros, de Nossa Senhora, de São João Batista, de São José e dos Apóstolos. Nas igrejas antigas devem-se distinguir também as imagens expostas para a devoção do povo e as imagens que fazem parte dos adornos nos diversos estilos arquitetônicos surgidos através da história. As imagens não devem ofuscar a centralidade do altar na disposição do espaço celebrativo.

Constatamos que nos nossos dias está voltando o exagero no número de imagens de santos nas igrejas. Os fiéis adquirem imagens de santos e exigem que tomem um lugar na igreja e mesmo nas capelas. Acaba não havendo mais lugar nas paredes para elas. Importa o equilíbrio, conforme pede o Concílio.

126. Vigilância sobre as obras de arte: A vigilância sobre as obras de arte está ao encargo dos Ordinários do lugar, os bispos, e os que lhes fazem as vezes. Na avaliação das obras de arte devem ser consultados a Comissão Diocesana de Arte Sacra, outros eminentes peritos, se for o caso, bem como as Comissões de que falam os artigos 44, 45 e 46. Além disso, os Ordinários vigiem que as sagradas alfaias ou obras preciosas não sejam alienadas nem destruídas. Estas orientações são extremamente válidas nos

Os Ordinários vigiarão com todo o cuidado para que não se percam nem se alienem as alfaias sagradas ou obras preciosas, que embelezam a casa de Deus.

Formação dos artistas

127. Os bispos, por si ou por meio de sacerdotes idôneos dotados de competência e amor à arte, interessem-se pelos artistas, para imbuí-los do espírito da arte sacra e da Sagrada Liturgia.

Recomenda-se também que, naquelas regiões onde parecer conveniente, se fundem escolas ou academias de arte sacra para a formação dos artistas.

---

nossos dias de reformas de igrejas e mudanças no uso das alfaias sagradas no culto.

127. A formação dos artistas: Como no caso dos músicos, também os artistas das artes plásticas e os arquitetos precisam de uma formação adequada para que sejam imbuídos do espírito da arte sacra e da Sagrada Liturgia. Nas regiões, onde parecer conveniente, instituam-se escolas ou academias de arte sacra para a formação de artistas. O Concílio lembra que existe toda uma mística por detrás da atividade dos artistas. Por trás de suas obras encontra-se uma imitação de Deus Criador e suas obras se destinam ao culto católico, à edificação dos fiéis, bem como à piedade e à instrução religiosa deles. Por sua arte, os artistas participam da obra da evangelização e da catequese da Igreja. Bela vocação a do artista!

Lembramos que o Papa João Paulo II escreveu em 1999 uma *Carta aos Artistas*, sublinhando sua admirável missão e vocação. Esta carta poderá servir de roteiro no cultivo das relações entre a Igreja e os artistas. Não se pode ignorar o belo trabalho que vem realizando a Comissão Episcopal Pastoral para a Liturgia da CNBB,

Os artistas todos, que levados por seu gênio, querem servir na santa Igreja à glória de Deus, lembrem-se constantemente de que a sua atividade é, de certa forma, uma sagrada imitação de Deus Criador e de que as suas obras se destinam ao culto católico, à edificação, à piedade e à instrução religiosa dos fiéis.

Revisão da legislação sobre a arte sacra

128. Revejam-se quanto antes, juntamente com os livros litúrgicos, conforme dispõe o art. 25, os cânones e determinações eclesiásticas atinentes ao conjunto das coisas externas que se referem ao culto sagrado, especialmente quanto à digna e funcional construção das igrejas, à forma e edificação dos altares, à nobreza, disposição e segurança do tabernáculo eucarístico, à conveniência e honra do batistério, bem como à

---

através do Setor "Espaço Litúrgico", em relação à assessoria e à formação dos artistas.

128. Revisão da legislação eclesiástica sobre arte sacra: Este número apresenta a necessidade de revisar toda a legislação eclesiástica referente às coisas externas que se referem à preparação do culto sagrado, principalmente quanto à digna e funcional construção de igrejas, à forma e edificação dos altares, à nobreza, disposição e segurança do tabernáculo, à funcionalidade e dignidade do batistério, à hierarquia razoável das sagradas imagens, da decoração e ornamentação das igrejas. O que parecer convir menos à Liturgia reformada seja emendado ou abolido; o que, porém, a favorecer, seja mantido ou introduzido. Quanto à matéria e forma dos objetos sagrados e da indumentária, concedem-se faculdades às Conferências dos Bispos de adaptar estas coisas às necessidades e costumes do lugar.

conveniente colocação das sagradas imagens, da decoração e ornamentação. O que parecer convir menos à reforma da Liturgia seja emendado ou abolido; o que, porém, a favorecer seja mantido ou introduzido.

Neste assunto, especialmente quanto à matéria e forma das vestes e utensílios sagrados, o sagrado Concílio concede às Conferências dos bispos das várias regiões a faculdade de fazer a adaptação às necessidades e costumes dos lugares, conforme o art. 22 desta Constituição.

Os Padres apresentam uma longa declaração ao número 128, que praticamente enumera os pontos a serem abordados na revisão de todo o aparato das coisas externas pertencentes ao culto sagrado. Os pontos lembrados são os seguintes: (1) a boa organização da igreja para a assembleia sagrada; (2) as sedes presidenciais; (3) o altar-mor; (4) os altares menores; (5) a consagração dos altares; (6) o modo de guardar a Santíssima Eucaristia; (7) o púlpito e as tribunas para as leituras sacras; (8) o lugar da escola ou do coro dos cantores; (9) o lugar dos fiéis; (10) o batistério; (11) os confessionários; (12) as imagens sacras; (13) a ordem da decoração; (14) a arte funerária. O Documento conciliar ainda usa o termo "consagração de igrejas e altares". O termo hoje usado é "dedicação", reservando-se a palavra "consagração" às coisas ou pessoas oferecidas a Deus.

Durante algumas dezenas de anos após o Concílio construíram-se muitos armazéns ou galpões em vez de igrejas, casas do povo de Deus que se reúne para rezar e celebrar os sagrados mistérios. Felizmente, a mentalidade está mudando.

Todos estes elementos foram considerados e regulamentados no Capítulo V da Instrução Geral sobre o Missal Romano: "Disposição e Ornamentação das Igrejas para a Celebração Eucarística" (n. 288-318).

Formação artística do clero

129. Os clérigos, durante o curso filosófico e teológico, sejam também instruídos na história da arte sacra e de sua evolução, bem como acerca dos sãos princípios que devem reger as obras de arte sagrada, de tal forma que apreciem e conservem os veneráveis monumentos da Igreja e possam prestar conselhos oportunos aos artistas na realização de suas obras.

---

129. A formação artística do clero: Insiste-se aqui na necessidade de que os futuros membros do clero, durante os estudos de filosofia e de teologia, sejam instruídos na arte sacra. Adquiram conhecimento sobre a história da arte sacra, sua evolução, bem como acerca dos sãos princípios por que se devem reger as obras de arte, para que possam apreciar e conservar os veneráveis monumentos da Igreja e possam orientar os artistas na produção de suas obras. Como no caso da música sacra, também no campo da formação nas artes sacras verifica-se uma grande lacuna nos seminários e casas de formação dos religiosos e das religiosas.

130. Uso dos pontificais: Pontifical é chamado o livro que contém fórmulas e ritos das celebrações reservadas ao bispo como a Crisma, as ordenações, as dedicações de igrejas e altares, a consagração das virgens, a bênção dos abades e das abadessas, bem como a coroação de reis e de imperadores.

Falando-se de Pontifical, antes do Concílio pensava-se na Missa presidida pelo bispo, isto é, o pontífice. Esta celebração era realizada com muita pompa e complicadas cerimônias. Hoje, a Missa presidida pelo bispo não mais se chama "Pontifical", mas Missa Estacional.

Aqui, para os Padres conciliares parece não se tratar do Pontifical como livro, mas do uso de insígnias pontifícias. Pede-se,

As insígnias pontificais

130. Convém que o uso das insígnias pontificais seja reservado às pessoas eclesiásticas que possuem a dignidade episcopal ou gozam de especial jurisdição.

---

pois, que estas insígnias sejam reservadas àqueles eclesiásticos que gozam de caráter episcopal ou de alguma jurisdição especial. A Congregação para o Culto Divino, em 1984, publicou um livro intitulado *Cerimonial dos Bispos*, que rege as celebrações presididas por um bispo, e trata das diversas vestes e insígnias clericais.

Apêndice
Declaração do Concílio Ecumênico Vaticano II sobre a reforma do calendário

Apêndice: declaração sobre a revisão do calendário

O sagrado Concílio Ecumênico Vaticano II, tendo na devida conta o desejo expresso por muitos para dar à festa da Páscoa um domingo certo e adotar um calendário fixo, depois de ter ponderado maduramente as consequências que poderão resultar da introdução do novo calendário, declara o seguinte:

1. O sagrado Concílio não tem nada a opor à fixação da festa da Páscoa num domingo certo do calendário gregoriano, se obtiver o assentimento daqueles a quem interessa, especialmente dos irmãos separados da comunhão com a Sé Apostólica.

APÊNDICE – DECLARAÇÃO A RESPEITO DA REFORMA DO CALENDÁRIO. Durante o Concílio houve algumas manifestações no sentido de fixar a festa da Páscoa num determinado domingo e de se estabelecer um calendário fixo para a sociedade civil. Observadas algumas condições, o Concílio se mostra aberto ao diálogo com os irmãos separados da comunhão com a Sé Apostólica e com a sociedade. Até hoje este desejo manifestado pelo Concílio parece que permaneceu num bom propósito.

2. Igualmente declara não se opor às iniciativas para introduzir um calendário perpétuo na sociedade civil.

Contudo, entre os vários sistemas em estudo para fixar um calendário perpétuo e introduzi-lo na sociedade civil, a Igreja só não se opõe àqueles que conservem a semana de sete dias e com o respectivo domingo. A Igreja deseja também manter intacta a sucessão hebdomadária, sem inserção de dias fora da semana, a não ser que surjam razões gravíssimas sobre as quais deverá pronunciar-se a Sé Apostólica.

Roma, 4 de dezembro de 1963.

Eu, Paulo, Bispo da Igreja Católica
(Seguem-se as assinaturas dos Padres Conciliares)

APROVAÇÃO E PROMULGAÇÃO. Não há Concílio Ecumênico sem a comunhão com o Papa, bispo de Roma, e sua aprovação do que foi discutido durante as diversas Sessões do Concílio.

Ainda ouço as palavras de Paulo VI, que no dia 4 de dezembro de 1963 aprovava, junto com os Padres Conciliares, e promulgava a Constituição Conciliar *Sacrosanctum Concilium*, sobre a Sagrada Liturgia. Documento Conciliar que certamente maior influxo exerceu sobre a vida da Igreja na segunda metade do século XX e que continua a repercutir decisivamente na vida dos cristãos no início do terceiro milênio.